Nina Sten-Knudsen

MONUMENTALMALEREI

MONUMENTAL PAINTING

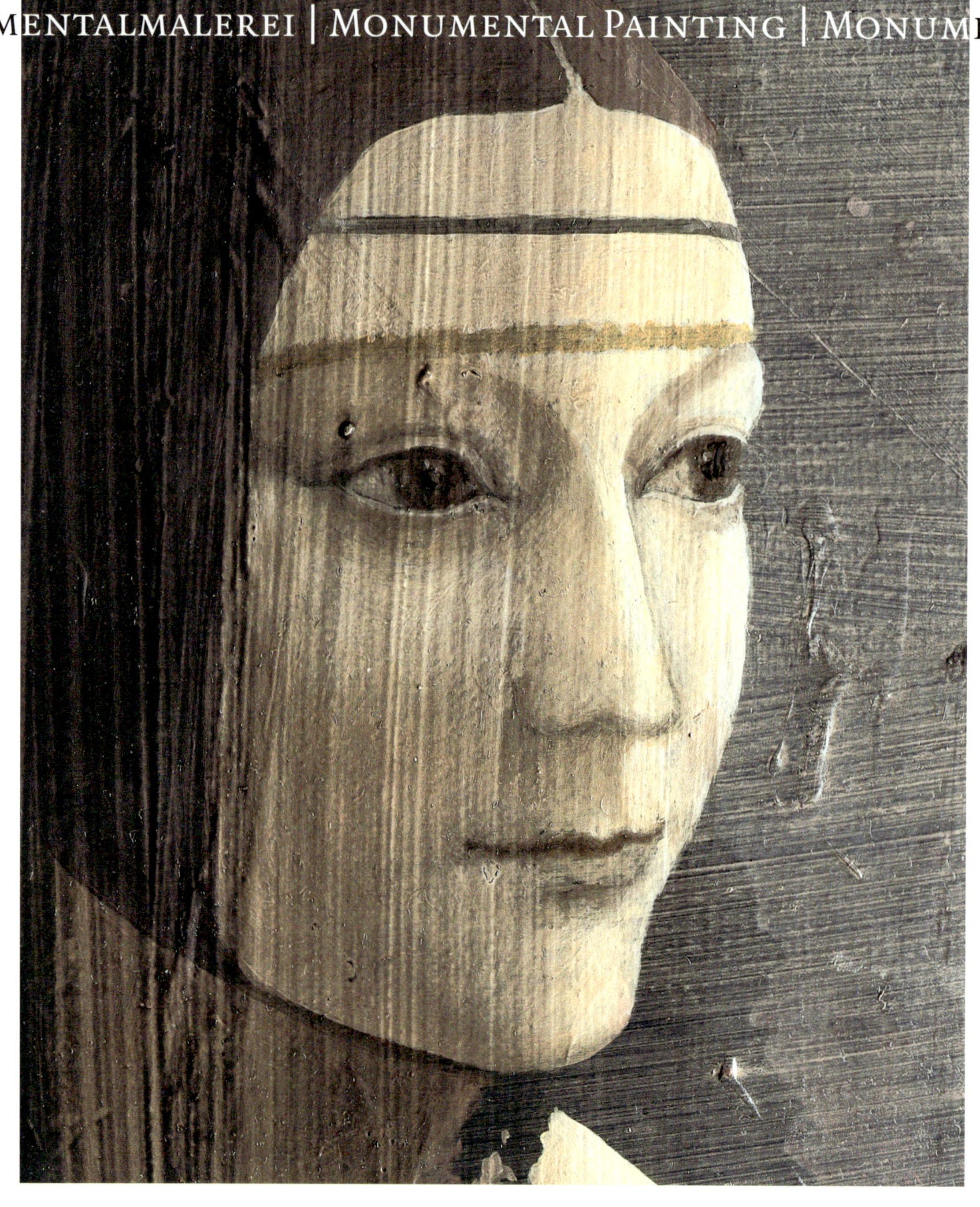

Nina Sten-Knudsen

Monumental Painting | Monumentalmalerei | Monumental Painting | Monu

herausgegeben von | edited by
Ingrid Mössinger und | and Jana Bille

KERBER

Die Ausstellung steht unter der Schirmherrschaft
des Botschafters des Königreichs Dänemark
Carsten Søndergaard.

The exhibition is held under the patronage of
Carsten Søndergaard, Ambassador of the Kingdom
of Denmark.

Inhalt | Contents

7 **Grußwort | Words of welcome**
CARSTEN SØNDERGAARD
Botschafter des Königreichs Dänemark
Ambassador of the Kingdom of Denmark

9 **Vorwort**
10 **Foreword**
INGRID MÖSSINGER
Generaldirektorin der Kunstsammlungen
Chemnitz | Director General of the
Kunstsammlungen Chemnitz

12 **Der Raum der Geschichte**
13 **The Space of History**
CECIL BOJSEN HAARDER

15 **Grauen und Schönheit**
22 **Horror and Beauty**
CARSTEN THAU

29 **Bilder, die gefehlt haben**
Nina Sten-Knudsen
im Gespräch mit Peter Iden
33 **Missing Images**
Nina Sten-Knudsen
in conversation with Peter Iden
PETER IDEN

37 **Katalog | Catalogue**
Texte | Texts
CECIL BOJSEN HAARDER

39 Landskabet, senere
49 Bibliotek
59 Museum
69 The Wave
77 Raft
85 Just Give Me My Equality
93 Opera
103 Balkon

114 Werke | Works

115 **Anhang | Appendix**

116 Biografie | Biography
THERESE MARIA GRAM
(Galleri Faurschou, Copenhagen)
und | and JANA BILLE

118 Autoren | Authors

Leihgeber | Lenders

Copenhagen Business School, Frederiksberg
Galleri Faurschou, Copenhagen
Ny Carlsbergfondet, Copenhagen
Privatsammlung | Private collection, Paris
Statens Museum for Kunst, Copenhagen

Mit freundlicher Unterstützung | Kindly supported by

Kunstraadet Det Internationale Billedkunstudvalg,
     Copenhagen
Nordea Danmark-fonden, Copenhagen
Grosserer L. F. Foghts Fond, Copenhagen
Augustinus Fonden, Copenhagen
Beckett-Fonden, Copenhagen
Chemnitz

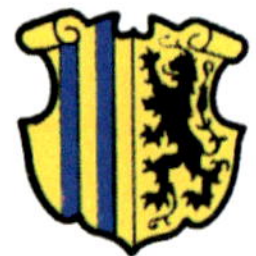

Eines der wichtigsten Ereignisse in der jüngeren dänischen Kunst stellt die 1982 in Gentofte bei Kopenhagen gezeigte Ausstellung „Kniven på Hovedet" (Das Messer auf dem Kopf) dar. Eine frische, junge Gruppe dänischer Künstlerinnen und Künstler kam hier erstmals zu Wort und erregte erhebliches Aufsehen. Sie wurde fortan „Die jungen Wilden" genannt und bahnte sich ihren Weg als neues Kapitel der dänischen Kunstgeschichte.

Eine der Künstlerinnen, die große Anerkennung durch die Kunstkritiker genoss, war Nina Sten-Knudsen, die nun in den Kunstsammlungen Chemnitz erstmals in Deutschland in einer eigenen großen Ausstellung gewürdigt wird. Ihre Werke wurden im Laufe der Jahre bereits auf zahlreichen internationalen Ausstellungen, sowohl Einzel- wie auch Gruppenausstellungen, gezeigt. Überhaupt führt Nina Sten-Knudsen ein sehr internationalisiertes Leben. Seit ihrem Abschluss an der Kunstakademie in Kopenhagen 1982 hat sie die meisten Teile der Welt bereist, insbesondere exotische Ziele wie Mexiko und Kuba, Bali und die Orkney-Inseln, Ägypten und Kamerun – nicht zuletzt aber auch Nordamerika, wo sie sich den indianischen, ursprünglichen Lebenswelten widmete.

Generell hegt Nina Sten-Knudsen ein klares Interesse für die ‚primitiven' Kulturen. Es sind deren Ausdrucksformen, die wir auch in ihren archetypischen Tierfiguren und ihren naturmythischen Landschaften wiederentdecken. Wie es in der Natur der Sache liegt, hat sich Nina Sten-Knudsens künstlerischer Ausdruck im Laufe der Jahre gewandelt. Von den ‚wilden', kraftvollen Farben hin zu den ‚stilleren' Naturstudien. Aber zu jeder Zeit spürt man eine Intensität, die sie zu Recht zu einer der am meisten bejubelten dänischen Künstlerinnen ihrer Generation hat werden lassen.

Ich beglückwünsche Nina Sten-Knudsen und die Kunstsammlungen Chemnitz zur Ausstellung „Nina Sten-Knudsen – Monumentalmalerei".

Carsten Søndergaard
Botschafter des Königreichs Dänemark

The exhibition "Kniven på Hovedet" (The Knife on the Head) shown in Gentofte near Copenhagen in 1982 was one of the most important events in recent Danish art. It presented a group of young Danish artists and caused a considerable stir. From this time, these artists have been referred to as 'the young wild ones' and they went on to write a new chapter in Danish art history.

One of the artists to whom the critics responded most positively was Nina Sten-Knudsen, who is now being acknowledged for the first time in Germany with a large solo exhibition at the Kunstsammlungen Chemnitz. Over the years, Nina Sten-Knudsen's works have been shown internationally in numerous solo and group exhibitions. Indeed, Nina Sten-Knudsen lives a very international life. Since completing her studies at the Copenhagen Art Academy in 1982, she has travelled all over the world, in particular to exotic destinations like Mexico and Cuba, Bali and the Orkney Islands, Egypt and Cameroon – and not least North America, where she focused on the original lifeworlds of the Indians.

Nina Sten-Knudsen is clearly interested in 'primitive' cultures, and we find their forms of expression in her archetypal animal figures and mythical landscapes. In keeping with the nature of things, Sten-Knudsen's artistic expression has altered over the course of the years, moving from 'wild' powerful colours to 'quieter' nature studies. At each stage, however, one is aware of an intensity that has rightly made her one of the most lauded Danish artists of her generation.

I would like to congratulate Nina Sten-Knudsen and the Kunstsammlungen Chemnitz on the exhibition "Nina Sten-Knudsen – Monumental Painting".

Carsten Søndergaard
Ambassador of the Kingdom of Denmark

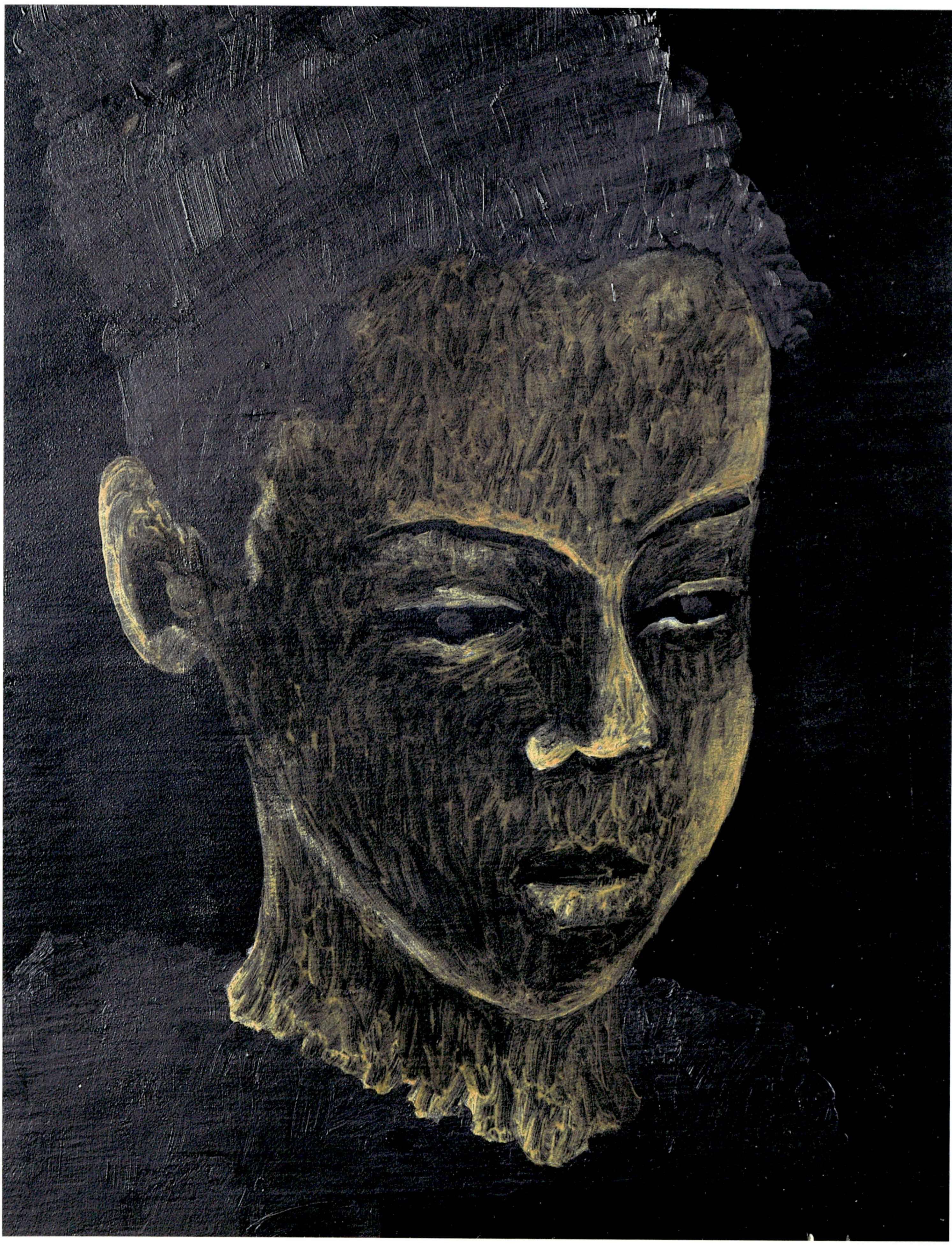

Vorwort

Bei Nina Sten-Knudsen fallen zuerst die riesigen Formate auf. Dabei handelt es sich im wahrsten Sinne des Wortes um Monumentalgemälde. Riesige Bilder erwartet man nach wie vor eher von Männern als von Frauen. Seit Virginia Woolfs berühmter Geschichte „Ein Zimmer für sich allein" weiß man, dass es für Frauen durchaus schwierig sein kann, selbst einen Platz zum Schreiben zu finden. Monumentalgemälde dagegen brauchen nicht nur ein Zimmer, sondern wenigstens eine Halle. Daher ist nicht zu unterschätzen, welche Kraft die Künstlerin allein für die materiellen Voraussetzungen ihrer Werke benötigte. Nina Sten-Knudsen bewältigte nicht nur dieses Problem, vielmehr hat sie darüber hinaus die physische, psychische und künstlerische Kraft, riesige Malereien zu schaffen.

So entstehen nichts weniger als Weltlandschaften, die in bestürzender Weise bruchstückhafte Erinnerungen europäischer, aber auch außereuropäischer Kunst- und Kulturgeschichte beschreiben. Acht monumentale Landschaftsgemälde verbergen Zitate aus epochalen Kunstwerken. Diese Zitate scheinen vor einer Zeit zu warnen, in der die Menschen zentrale Werke von Giorgione, Leonardo da Vinci, Giovanni Battista Piranesi, Rembrandt van Rijn, Nicolas Poussin, William Turner oder Edgar Degas vergessen haben. Ähnlich den antiken Ruinen oder Statuen wird man sie zukünftig mit Hilfe archäologischer Grabungen wieder in das menschliche Bewusstsein holen müssen.

Von dieser düsteren Zukunftsvision ausgehende Bedrohungen betont Nina Sten-Knudsen durch unklare Lichtquellen, welche die Bilder in ein mysteriöses Licht tauchen. Oft sind die Lichtquellen so klein, dass auf den ersten Blick fast nur Dunkelheit herrscht. Wie nach einem Erdbeben stürzen innerhalb der monumentalen Landschaften kleinere Räume mit eigenen Fluchtpunkten durcheinander. Tote Körper werden von Riesenwellen an Land gespült. Verzweifelte Menschen umklammern sich. Aus unüberbrückbaren Entfernungen versuchen einzelne Figuren erfolglos einander zu erreichen. Den einzigen Trost spenden unwirklich schöne Frauenbildnisse nach Leonardo oder Johannes Vermeer van Delft. Sie wirken in den unendlichen Landschaftsräumen Nina Sten-Knudsens wie die einzigen Hoffnungsträger.

Bildaufbau und Zitatenreichtum bei den Gemälden von Nina Sten-Knudsen lassen Raum für vielfältige Auslegungen. Ich bin daher den Autoren Cecil Bojsen Haarder, Carsten Thau und Peter Iden für die kenntnisreichen und erklärenden Interpretationen des Werkes von Nina Sten-Knudsen äußerst dankbar. Es handelt sich dabei um Texte für einen Katalog, der die erste Einzelausstellung der Künstlerin in Deutschland begleitet.

Ohne die finanzielle Hilfe dänischer Stiftungen wäre dies nicht möglich gewesen. Ich bin daher der Kunstraadet Det Internationale Billedkunstudvalg, der Nordea Danmark-fonden, der Grosserer L. F. Foghts Fond, dem Augustinus Fonden und der Beckett-Fonden, alle in Kopenhagen, zu größtem Dank verpflichtet. Dankbar bin ich auch der Stadt Chemnitz, die bei der Mitfinanzierung der Ausstellung über das übliche Maß hinaus geholfen hat.

Alle gebetenen Leihgeber waren sofort bereit, Werke von Nina Sten-Knudsen für diese Ausstellung zur Verfügung zu stellen. Bei den riesigen Formaten ist das keine Selbstverständlichkeit. Den Leihgebern bin ich daher zutiefst dankbar.

Die Vorbereitung zu Ausstellung und Katalog lag in den Händen von Jana Bille, die über Monate hervorragende kuratorische Arbeit geleistet hat. Dafür danke ich sehr. Die Monumentalgemälde von Nina Sten-Knudsen werden gerollt transportiert und wurden daher erst in unseren Museumsräumen auf Keilrahmen gespannt. Herrn Detlef Göschel, unserem Gemälderestaurator, und seinen Mitarbeitern danke ich für die sorgfältige Durchführung dieser diffizilen Arbeit. Selbstverständlich wurde dieser Vorgang von der Künstlerin selbst überwacht.

Nina Sten-Knudsen hat alle Vorbereitungen zur Ausstellung und zum Katalog mit einer außergewöhnlichen, großzügigen Hilfsbereitschaft begleitet. Dafür und für ihre großartigen Gemälde gebührt ihr meine respektvollste Verbundenheit.

Für die Ausstellung, unser Haus und darüber hinaus für die Stadt Chemnitz ist es eine große Ehre, dass der Botschafter des Königreichs Dänemark, Herr Carsten Søndergaard, die Schirmherrschaft übernommen hat. Dafür danke ich im Namen aller am Projekt „Nina Sten-Knudsen – Monumentalmalerei" Beteiligten herzlich.

INGRID MÖSSINGER
Generaldirektorin der
Kunstsammlungen Chemnitz

Foreword

The first thing that strikes us about Nina Sten-Knudsen's works is their huge formats. These are truly monumental paintings. Huge works of art are something we still tend to expect from men rather than women. Since Virginia Woolf's famous essay "A Room of One's Own" we have been aware that it can indeed be difficult for women to find even a place to write, whereas monumental paintings require not just a room, but a hall at least. We should not underestimate, therefore, how much energy the artist requires just in terms of the material requirements of her works. Not only does the artist deal ably with this issue, she also has the physical, psychological and artistic force to then create huge paintings.

The results are nothing less than world landscapes, stunning depictions of fragmentary recollections not only of European but also non-European art and cultural history. Eight of these monumental landscape paintings contain references from epoch-making artworks. These seem to be a warning, in a time when people may have forgotten major works by Giorgione, Leonardo da Vinci, Giovanni Battista Piranesi, Rembrandt van Rijn, Nicolas Poussin, William Turner or Edgar Degas. Like ruins or statues from Antiquity, in the future, archaeological excavations will be necessary to make human consciousness aware of them.

Nina Sten-Knudsen underscores the threats arising from this dismal view of the future by the use of indistinct light sources that imbue her paintings with a mysterious radiance. Often the light sources are so small that, at first glance, darkness seems to reign supreme. As if after an earthquake, small spaces with their own vanishing points are scattered around these monumental landscapes. Huge waves wash up dead bodies on the shore. Desperate people cling to each other. Individual figures try in vain to reach one another across insurmountable distances. The only consolation is provided by the portraits, after Leonardo or Johannes Vermeer van Delft, of impossibly beautiful women, who seem to be the only hope in Sten-Knudsen's landscape spaces.

The pictorial composition and wealth of references in Nina Sten-Knudsen's paintings leave ample scope for interpretation. I am extremely grateful therefore to the authors Cecil Bojsen Haarder, Carsten Thau and Peter Iden for their informed and enlightening interpretations of her works in their essays in this catalogue, which is being published to mark the first solo exhibition of the artist's work in Germany.

This would not have been possible without the financial support of a number of Danish foundations; I am deeply indebted to the Kunstraadet Det Internationele Billedkunstudvalg, the Nordea Danmark-fonden, the Grosserer L. F. Foghts Fond, the Augustinus Fonden and the Beckett-Fonden, all based in Copenhagen. I would also like to express my thanks to the City of Chemnitz, which subsidised this exhibition to a greater than usual degree.

All those asked were immediately willing to lend their Nina Sten-Knudsen works for this exhibition, which, given the huge formats of the paintings, is a serious undertaking. My sincerest thanks therefore is due to the lenders.

Over the past months, the curatorial preparations for both the exhibition and the catalogue have been in the capable hands of Jana Bille, whom I would like to sincerely thank here for her dedication. Nina Sten-Knudsen's monumental paintings are rolled for transportation purposes, and so had to be re-framed on our premises. Thanks are therefore due to our restorer, Mr Detlef Göschel, and his team for their careful handling of this difficult task. It goes without saying that the artist herself supervised the work.

Nina Sten-Knudsen was extraordinarily helpful during the preparations for the exhibition and the catalogue. I am very much indebted to her for this, and for her wonderful paintings.

It is a great honour for the exhibition, our gallery and for the City of Chemnitz that the ambassador of the Kingdom of Denmark, Mr Carsten Søndergaard, agreed to become patron. I would like to express our sincerest gratitude on behalf of all those involved in the "Nina Sten-Knudsen – Monumental Painting" project.

INGRID MÖSSINGER
Director General of the
Kunstsammlungen Chemnitz

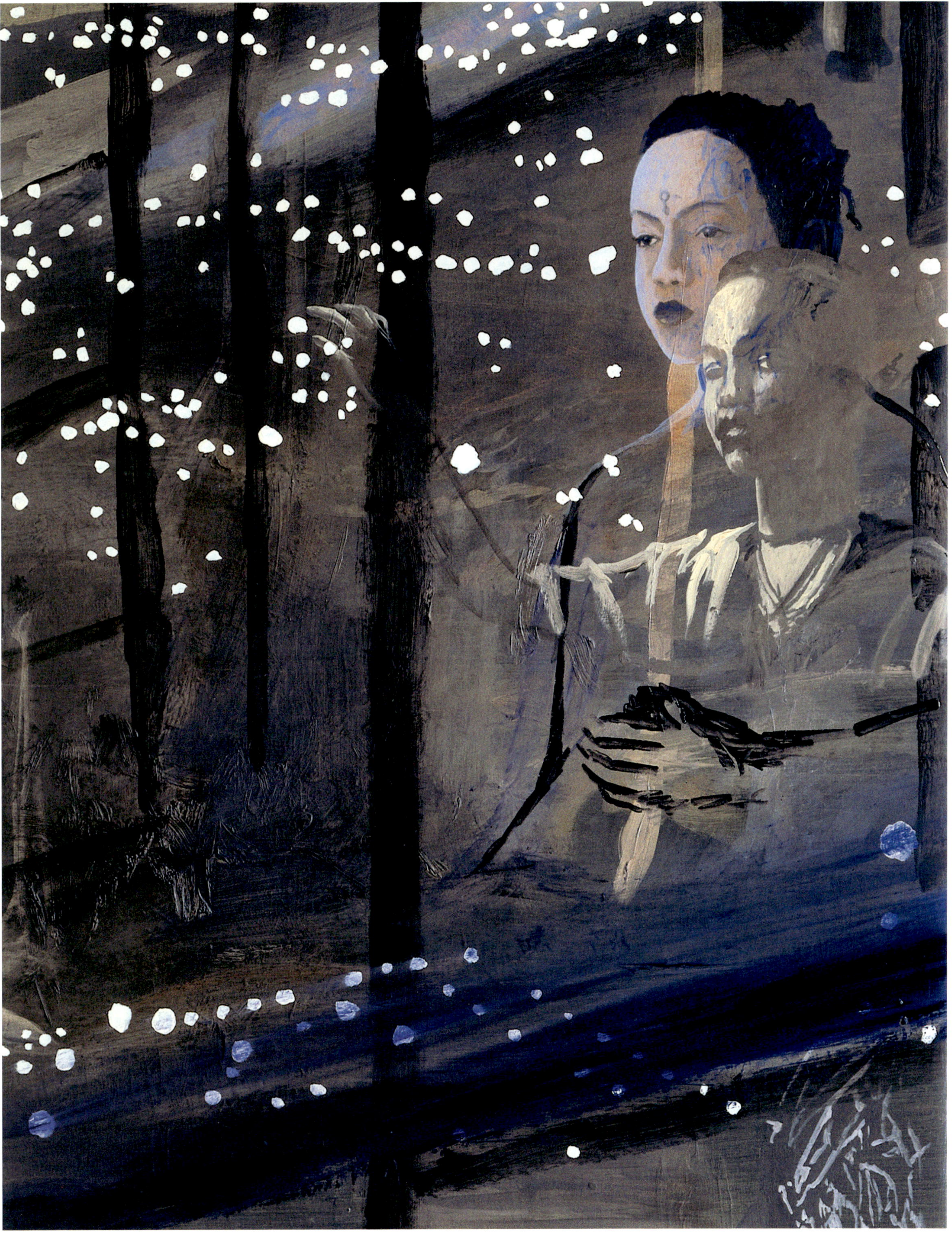

Der Raum der Geschichte
Über Nina Sten-Knudsens polyfokale Gemälde, 1998–2006

Cecil Bojsen Haarder

„Der Raum ist weder im Subjekt, noch ist die Welt im Raum."[1]

Alle Werke dieser Ausstellung sind polyfokale Gemälde. Poly-
fokal bedeutet, dass der Bildraum mehrere Fluchtpunkte
besitzt. Mit ihren polyfokalen Gemälden markiert Nina Sten-
Knudsen einen Abstand zu der Zentralperspektive der Renaissance, da diese der Künstlerin zufolge an eine geschlossene,
statische Deutung der Umgebung gebunden ist. Anders als die
Zentralperspektive, bei der die Motive einer mathematischen
Konstruktion untergeordnet sind, in der alle Linien in einem
zentralen Fluchtpunkt zusammentreffen, geht es in Nina Sten-
Knudsens Bildern um ungleichartige Räume mit einer unbe-
grenzten Anzahl von Fluchtpunkten und Bruchflächen.

Der Betrachter, der vor den riesigen Leinwänden steht,
wird entdecken, wie voneinander unabhängige Räume miteinander kollidieren und sich überlappen, je nachdem wie sein
Körper und damit sein Blick sich hin und her bewegen. Der
Bildraum wird nicht im Voraus definiert, sondern seine Entstehung und Veränderlichkeit sind stark daran gebunden, wie
wir ihn erleben und mit ihm in Interaktion treten. Diese Wech-
selbeziehung zwischen Werk und Betrachter ist am besten
im Licht der Phänomenologie zu verstehen, die ihr Augenmerk
eben auf die unverbrüchliche Beziehung zwischen Subjekt
und Objekt richtet. Wenn wir versuchen, die Welt als isolierte
Größe zu betrachten, entgleitet uns die Wirklichkeit und wir
stehen mit abstrakten und leeren Begriffen da. Beziehen wir

hingegen unser eigenes Engagement und unser Sein in der
Welt als unumgängliche Faktoren mit ein, so wird sich uns die
Welt in ihrer uneingeschränkten Vielfalt offenbaren.

Da ein wichtiger Teil unserer Wahrnehmung der Umwelt
an Räume gebunden ist, sind sie von großer Bedeutung für die
Phänomenologie. Heideggers Behauptung in „Sein und Zeit",
es gebe weder den Raum im Subjekt noch die Welt im Raum,
ist so zu verstehen, dass Räumlichkeit an die Begegnung zwischen uns und unserer Umgebung: an unser Sein in der Welt
gebunden ist. Genauso bedarf der Raum in Nina Sten-Knudsens Gemälden unserer Teilnahme, um existieren zu können.
Weil das Gemälde einen Raum präsentiert, den es nur in dem
Maße gibt, in dem wir mit unseren Sinnen daran teilhaben,
betont es unsere Bindung an die Welt und damit an den Raum.
Deshalb hat das Gemälde eine entscheidende Bedeutung für
unsere Verankerung in der Welt und in der Geschichte.

Die acht Gemälde der Ausstellung werden in einzelnen
Texten vorgestellt, die jeder für sich allein, aber auch als zu-
sammenhängendes Ganzes gelesen werden können. Die oben
skizzierte phänomenologische Auffassung des Bildraumes
ist Ausgangspunkt für die Reise in Nina Sten-Knudsens wun-
dersames polyfokales Universum.

---

1 Heidegger, Martin: Sein und Zeit, Max Niemeyer Verlag, Tübingen
2001, S. 111 (1927).

The Space of History
On the polyfocal paintings of Nina Sten-Knudsen, 1998–2006

Cecil Bojsen Haarder

"Space is neither in the subject, nor is the world in space".[1]

The common element binding together the works in this exhibition is that they are all polyfocal paintings: the pictorial spaces have multiple vanishing points. This represents Nina Sten-Knudsen's distance to the central perspective of the Renaissance, which she believes is linked to a closed, static interpretation of the environment. Unlike the central perspective, where the motifs are subordinated to a mathematical construction with all lines converging on one central vanishing point, Nina Sten-Knudsen creates a number of dissimilar spaces, with an infinite number of vanishing points and fractured surfaces within her pictures.

The viewer standing before these enormous canvasses notes how the apparently independent spaces collide and overlap with each other, depending on the movement of the body and gaze of the viewer. The pictorial space is not predefined; its existence and changeability are deeply dependant on the way we experience and interact with them. This interactivity between work and viewer is best understood in terms of phenomenology, which observes and focuses on the unbreakable bond between subject and object. If we try to regard the world as an isolated entity, we lose our grip on reality and are left with empty abstractions. If, on the other hand, we accept that our participation and existence in our environment are unavoidable, the world will appear to us in its great diversity.

An important element of our perception of the environment is linked to spatiality, which plays a major role in phenomenology. When Heidegger asserts in "Being and Time" that space is not to be found in the subject nor is the world to be found in space, he means that spatiality is dependent upon our connection to our environment, our being in the world. In the same way, the space in Nina Sten-Knudsen's paintings calls upon our participation in order to exist. Since the painting presents a space that only exists to the extent that we involve ourselves in it through our senses, it emphasises our link to the world, to space. Therefore, the painting has a decisive significance for our place in the world and in history.

The eight works in the exhibition will be introduced in a series of articles that can be read individually or as a single coherent text. The phenomenological concept of pictorial space acts as the starting point for the journey through Nina Sten-Knudsen's amazing polyfocal universe.

1   Heidegger, Martin: Sein und Zeit (Being and Time), Max Niemeyer Verlag, Tübingen 2001, p. 111 (1927).

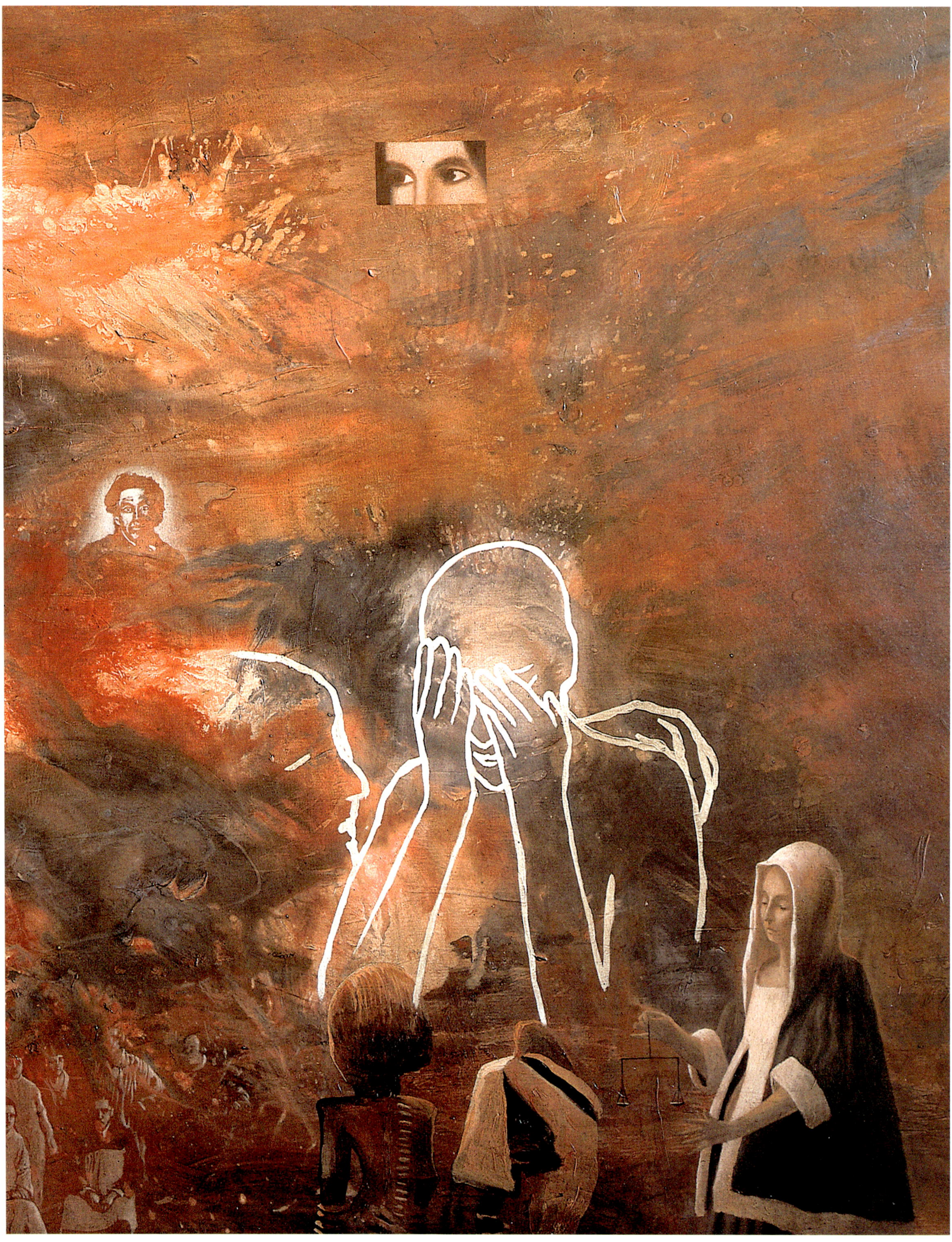

Grauen und Schönheit

**Das melancholische Arkadien in Nina Sten-Knudsens
Bildwanderungen, Depots und Ausgrabungen**

Carsten Thau

I

Arkadien war eine Ideallandschaft auf der Peloponnes. Sie
wurde schon in der römischen Antike wegen ihrer Schönheit
und Aura von Unschuld in den Stand der Legende und zum
Kult erhoben. In der Renaissance ist sie wieder da, als die
Medicis in ihrer Villa bei Fiesole mit Phantasien spielten, als
Schäfer in einer erhabenen Landschaft zu wandeln. In Dichtung und Malerei der folgenden Jahrhunderte treten dann neue
Variationen über dieses Arkadien auf. Es wird ausgestattet
mit Tempeln und antiken Bauresten eines komplizierten und
fragmentierten, aber immobilen Reichtums und ist durchdrun-
gen von dem essentiellen Erleben der Zeit und einem Gefühl
melancholischer Völle. Diese Naturszenerie ist die vielleicht
sublimste europäische Idee von der Landschaft und stellt eine
Parallele zur urbanen Utopie dar. Die edle Beschaulichkeit
wurde allerdings schnell von einem anderen Gefühl bedroht,
das heraufbeschworen wurde von der Präsenz des Ruhe und
Unruhe zugleich ausstrahlenden Grabmals. Die in die Landschaft eingebetteten massigen Monumente bezeichneten den
Raub der Zeit und einen unheilbaren Abstand zu der Zeitspan-
ne, die dem konkret lebenden Menschen abgemessen ist.
Auch andere Misstöne schwangen mit in dem Bild der in ihrem
Ausgangspunkt zeitlosen aristokratischen Versöhnung zwischen Natur und Kultur. Die Neuformulierung des Arkadi-
schen könnte ein Zugang sein zu Nina Sten-Knudsens Bildern,
ein anderer die Kollision von Zeiträumen, die Perspektive,
aus der die Künstlerin auf ureigenste Art die archäologische
Strategie in der europäischen Kunst betrachtet.

Es ist bekannt, dass sich im 15. und beginnenden 16. Jahrhundert Künstler, darunter auch Raffael, zu den inneren Gemächern von Kaiser Neros Palast in Rom, der Domus Aurea,
hinunterzwängten, um die dortigen Bilder und Dekorationen
eingehend zu studieren. Der Stil dieser Bilder wird als ‚grotesk‘ bezeichnet, weil sie sich in künstlichen Grotten unter der
Erde befanden. Auf dem Hintergrund dieser Studien schmück-
ten später Raffael und seine Schüler die berühmte Loggia im
Vatikan aus. Wir wissen auch, wie beeindruckt die damaligen
Künstler von der Laokoon-Gruppe und unzähligen anderen
Skulpturen waren, die im 16. Jahrhundert in Rom ausgegraben
wurden. Überhaupt spielten Bilder und Figuren, die von der
Renaissance bis zum Neoklassizismus um 1800 aus der römischen Ruinenlandschaft ans Tageslicht befördert wurden, eine
immer größere Rolle für eine von archäologischer Begeiste-
rung durchdrungene Kunst. In der Romantik schließlich stand
dieses Erbe als grandioses Vorbild und dabei gleichzeitig auch
als Bedrohung da.

Die Geschichte der bildenden Kunst erscheint schon hier
als eine unendliche Serie von Bildzitaten, Einflüssen und
Transformationen. Sie lässt sich daher als große Zitaten- und
Gelehrsamkeitsmaschine auffassen, nicht im Sinne von plat-
ter Einflussgeschichte, sondern als Reservoir von Antworten
auf die Fragen, wie und warum künstlerisches Material neu
belebt und umgeformt wird. Die Studien und ruckhaften Bewegungen der Künstler scheinen eine ungebärdige Rank Xerox-
Maschine nachzuzeichnen, die bei dem kunsthistorisch In-
teressierten auf seiner Wanderung durch die Museen Schwin-
delgefühle auslöst.

Wenn es hier einen Grund gibt, über das Motiv der Grotte
und dessen Umfeld nachzudenken, dann, weil Nina Sten-
Knudsen in Bildern wie **Museum** (2002) diesen Motivbereich
erforscht, wobei die Bilder in ihrem erzählenden und archäologischen Aspekt weit in das Bildarsenal der Menschheit zurück-
weisen. Die Grotte oder Höhle ist der Urort der ersten Menschen für Zuflucht. Sie birgt auch die früheste Bilderwelt der
Menschheit, Bilder, die auf die Wände der Grotte gemalt und
durch die flackernden Flammen der Feuer belebt wurden. Diese
Erfahrung scheint hinter dem philosophischen Höhlenbild
Platons zu liegen, das von der Faszination des Menschen durch
eine von Bildern geschaffene Wirklichkeit handelt. Auch die
Erzählung als Ausdrucksform, beispielsweise über den Verlauf
der Jagd auf der Ebene unterhalb der Höhlengrotte, hat sich
vermutlich hier, im Schutz vor Unwetter und anderen Bedrohungen, entfaltet.

Aus der Felsgrotte kennen wir die allerersten Bilder von
Jagdtieren in großer Gestalt, um die herum mit Spießen jagen-
de Menschen als Strichmännchen gezeichnet sind. Darüber
hinaus wurden Abdrücke von Händen und Füßen im Negativ,
erstaunliche Konturen der menschlichen Anatomie, gemalt.

Diese natürlich vorkommenden Grotten stellen die ersten Erinnerungsdepots des Menschen dar, sie sind die ersten
Schauplätze einer visuellen Praxis und die ersten Konkreti-
sierungen einer religiösen beziehungsweise praktischen Er-
fahrungsbildung, die parallel zum Ahnenkult einhergeht. Hier
entsteht ein stabiler Rahmen für Wissensakkumulation, die
Beherrschung des Zeitraums durch die Erzählung und die
Projektion der Selbstbilder des Körpers durch Schatten beziehungsweise räumliche Verdichtung. Dabei befinden sich die
differenzierter ausgeführten Bilder des menschlichen Körpers
in den inneren Gängen der Höhlen.

Die Grotte ist somit eine frühe menschliche Einrichtung
für Imagination, Verdoppelungen, Vermehrung, Zeichenbil-

dung und Umweltbeherrschung. Außerdem bildet die Höhle ein ‚Fernrohr' zu der unter ihr liegenden Landschaft. Sie schafft ein unbewusstes Hin und Her zwischen Drinnen und Draußen und damit auch zwischen dem halb diffusen Körperbild angesichts der grenzenlos sich erstreckenden Ebene einerseits und der beschützenden Hülle von Körper und Klan andererseits. Sie etabliert somit zwei klar unterschiedene Erlebnisräume.

Die Grotte wirkt beschützend, gleichzeitig aber, so müssen wir annehmen, wird sie auf beunruhigende Weise von dämonischen Ausgeburten der Phantasie heimgesucht, nämlich von all dem, womit sich der Mensch kraft seiner ausgeprägten und für das Überleben der Art entscheidenden Fähigkeit zum Antizipieren und Entwickeln von Vorstellungsbildern in einer inneren und kollektiven Bedrängnis auseinander setzen muss. Die Grotte ist somit in der Erinnerung der Menschheit als mythologischer Ort mit dem äußersten Vorstellungskreis, mit Magie und Beschwörungen, aber auch mit Ansätzen zur Selbstreflexion in der Form des Mythos verbunden.

Das Wort Grotte, von dem der Begriff grotesk abgeleitet ist, verweist nicht nur auf die Wanddekorationen im Palast Kaiser Neros, sondern auch auf Funde, die unter anderem in Italien in den Jahrhunderten nach der Antike gemacht wurden, auf Schätze, die in Berggrotten versteckt worden waren, bis sie oftmals erst nach Jahrhunderten wiederentdeckt wurden.

Es handelt sich um erlesenen Hausrat, silberne Gefäße, Götterbilder, Medaillons, Goldschmuck, Prunkwaffen und dergleichen. Vieles an ihnen befremdete ihre späteren Entdecker, nicht zuletzt wegen der Staub- und teilweise sogar Kalkschichten, die sich auf ihnen abgelagert hatten. Sie wirkten nicht nur wegen ihres ruinösen Zustandes ‚grotesk' und nahezu unverständlich, sondern auch weil die Bedeutung ihrer Ornamente und Bilder inzwischen verloren gegangen und ihre Verwendungsweise nicht mehr bekannt war. Die flaschenposthafte Botschaft dieser rätselhaften Relikte einer vergangenen Zivilisation übte eine eigentümliche Wirkung aus. Sie sprachen eine dunkle, dinghafte Sprache, die auf ein Drama hinwies, das niemand mehr kannte.

II

Nina Sten-Knudsens Werke wirbeln ihre Betrachter in einen großen historischen Raum hinein. Sie üben einen starken antiquarischen Sog aus und suggerieren die Vorstellung von der Welt als Museum. Wir scheinen hier ein fernes Echo aus den Imaginationsräumen prähistorischer Grotten, von ihren Wänden mit archaischen Umrissen von Figuren wahrzunehmen. Gleichzeitig aber evozieren sie die Erinnerung an römische Landschaftsphantasien auf Wandmalereien in Pompeji und an die mysteriösen Landschaften in Renaissanceporträts, deren Hintergründe mit ihren Luftperspektiven einen Anflug von

Verheißung ausstrahlen. Außerdem bringen sie die gewaltigen sphärischen Mauergemälde des Barock in Erinnerung, die die Lichtmassen des Himmels oder rollende Wolkenformationen aus offenen Schleusen über erlesene Ruinenfragmente hinabströmen lassen. Hier erscheinen das nobel melancholische Arkadien eines Nicolas Poussin oder Claude Lorraine aus deren umbrischen Gemälden, die venezianischen Bühnenbilder der Brüder Galli-Bibiena mit ihren fabulösen Ruinenlandschaften des 18. Jahrhunderts, gefolgt von der archäologischen Romantik ihrer Nachfolger Giovanni Battista Piranesi und Joseph Gandy mit ihren großen römischen Gebäudeteilen, Antiquitäten und lapidaren architektonischen Überresten, dichtauf gestapelt in unterirdischen Gemächern und beschienen von einem versickernden himmlischen Licht. Hier sind David Roberts Idealbilder von antiken Landschaften mit Palästen, vor allem aber William Turners Leinwände, Weiterentwicklungen von nassen, aus Farbpigmenten seiner Wasserfarben gebildeten Wolken, großflächige Ölbilder voller Dunst, Dampf und stofflicher Exaltation, auf denen die Elemente Erde, Wasser und Luft ineinander übergehen.

Wir sehen aber auch die zu dem übergeordneten Gesichtspunkt der historischen Revue gehörigen Theaterdekorationen des 19. Jahrhunderts, die überdimensionalen Reklamen der klassischen Lichtspieltheater und die brennenden Himmel des Filmepos mit seinen ‚larger-than-life'-Effekten des 20. Jahrhunderts. Auch wären hier die großen Bilder zu nennen, die ein Anselm Kiefer über apokalyptische Einöden geschaffen hat. Als erster in der Geschichte der Malerei hat er in gewaltigen Leinwänden, die an die Tradition der Historienmalerei gemahnen, die Destruktion auf den Schauplatz der Leinwand selbst eingeführt, indem er Teile des Motivs nahezu mit der Lötlampe zerstört hat.

Spuren davon und, je nach Temperament, Spuren von viel mehr noch lassen sich in Nina Sten-Knudsens besonderer Synthese von Ruinenkult, Landschaftsmalerei und Historienmalerei entdecken. Nicht nur Bilder, sondern auch Bilder im Bild sind zu sehen. Die Menschenfiguren, die in diesen ausgedehnten Leinwänden auftreten, können alles mögliche sein: grob gezeichnete Umrisse, aus Johannes Vermeer van Delfts dämmrigen Interieurs verpflanzte Figuren, Mumien, Puppen und Büsten aus der metaphysischen Malerei eines Giorgio di Chirico. Es machen sich auch Züge des Surrealismus geltend mit seiner sporadischen Figurenaufstellung in verlassenen Landschaften aus verrinnender Zeit, wieder anderes lässt an Max Ernsts sonderbare Übergangsformen zwischen Tieren, Menschen und Felsformationen denken. Max Ernst hat uns ja durch seine in Arizona gemalten Bilder die Augen geöffnet für die geologische Zeit, den langsamsten Prozess, den wir uns, abgesehen von der Zeit der Sternformationen, vorstellen können.

III

In Nina Sten-Knudsens Gemälden des letzten Jahrzehnts treffen viele Zeitlichkeiten zusammen, auch ‚geologische Zeitmonumente', was für einen dänischen Maler ganz ungewöhnlich ist. Die großen bildnerischen Aussagen des 20. Jahrhunderts, die Felsformationen und ‚Frottagen' eines Max Ernst, John Fords Tafelberge in seinen Western und bestimmte Land Art-Werke Robert Smithsons haben uns eine geologische Zeitdimension sichtbar gemacht. In ihr wirken relativ neue Gebirge wie die Alpen trotz ihrer mit ewigem Schnee bedeckten, gezackten Gipfel weniger beunruhigend als der abgenagte Ayers Rock im Inneren Australiens oder das kadaverhaft Ausgelaugte bestimmter Gebirge in Arizona. Diese narbigen Steinmassen verwandeln sich unter dem modernen Blick zu einer Allegorie der Zeit.

Der Betrachter von Nina Sten-Knudsens Werken sieht sich vor einen Katarakt von Bildern gestellt, die ein beträchtliches Register an Zeitmetaphern, Überblendungen zwischen gehobenem Pathos und Komik, Konstellationen von Großstädten, Grotten, Aladins Höhlen, Theatervorhängen und versunkenen Kathedralen aufweisen. Es werden Staffagefiguren präsentiert, versteinert oder auf einen hinfälligen Aufenthalt als Zeugen im Vordergrund des Bildes reduziert, melancholisch grübelnd oder in die dünne Haut der Fotografik eingehaucht, eingerollt in den lehmigen Morast der Kleidung, im absoluten Stillstand des Petrefakts oder aber als ein größerer Aufmarsch von Versteinerungen.

In diesem groß angelegten Stimmungsgemälde breitet sich eine Atmosphäre von ‚post-histoire', vom Ende der Geschichte aus. Der Betrachter wird hineingewirbelt in etwas, das einem unruhigen Schlaf nach einem strapaziösen Besuch des Musée du Louvre oder des Metropolitan Museum of Art gleicht. Er fühlt sich hier- und dorthin und weiter von Saal zu Saal gezogen von Werken, die eine Welt von Nachbildern hervorrufen. Sie treten in aufeinander geschichteten Eindrücken als wiedergängerhafte Reste auf, die wiederum in eine dreidimensionale Strukturmalerei eingelassen sind.

Der Franzose Hubert Robert malte im Zeitalter der Romantik ein Bild, auf dem er die große Galerie im Louvre als Ruine evozierte, um eine sublime Synthese von kultureller Verdichtung und zeitlichem Verfall herzustellen. Die Ruine als Zeiten überdauerndes Zeichen verbürgt die Unsterblichkeit des Ortes und der Werke, und mit ihrem erhabenen Schauspiel inszeniert sie dabei die Apotheose der Kunstwerke.

Nina Sten-Knudsen zeigt Bereiche, die trotz kunsthistorischer Zitate und suggestiver Geräumigkeit exterritorialisiert sind. Es handelt sich im Grunde genommen um entvölkerte Zonen, wobei bekannte Formen von Humanität und die wundertätige Kraft der Kunst ihrer Funktion enthoben sind. Dies bedeutet die Erschöpfung der Utopie, das Wanken

der Geschichtsphilosophie und den endgültigen Einsturz der Historienmalerei. Wir stehen vor einer Serie von Bildern mit undeutlichen Erzählungen, die in das jetzt nur erinnerte Anderssein der Landschaftsmalerei und des Naturschönen gelegt sind. Das Versprechen von Glück und ewiger Wiederkehr, das in der Geschichte der Landschaftsmalerei bald in der Dämmerung glomm und bald am Horizont leuchtete, gelangt selbst als kunsthistorisches Versatzstück ins Museum, ohne Parodie, aber auch ohne absolute Verlässlichkeit.

Der Betrachter muss die Fäden sammeln. Die Wahrnehmung dieses Betrachters von Zeit und Raum ist labil und unbestimmt wie die des Wanderers. Er muss selbst den Weg finden, indem er das Bild nach und nach in seinen einzelnen Bereichen liest, ohne sich einer festen Bedeutung gewiss sein zu können. Die ausgelegten Bedeutungsspuren laden sich mit einer besonderen Spannung auf, weil ihre illusionistische Orchestrierung ebenso wie das stofflich Malerische dazu auffordert.

Einen weiteren Impuls zur Dekodierung des ausgespannten Rebus stellen die ominöse Atmosphäre und die angedeuteten Fatalitäten dar, die daraus entstehen könnten, dass jemand die Zeichen nicht richtig gelesen hat.

IV

Es sieht indessen so aus, als sei an die Stelle der verlockenden Lösung des Rebus, der letzten Endes und trotz allem seine behüteten Geheimnisse offenbart, das Rätsel getreten, das sich in sich selbst verkapselt. Das bedeutet nicht dasselbe wie der Triumph der Sinnlosigkeit oder der Zufälligkeit. Nur müssen wir uns hier, ähnlich wie bei dem *Gewitter* eines Giorgione (Gallerie dell'Accademia, Venedig), darauf einstellen, dass die Allegorie des Bildes zumindest teilweise verloren gegangen ist oder aber sich sehr gut bedeckt hält.

Während sich die moderne Kunst häufig als Antimuseum gebärdete, bezieht Nina Sten-Knudsens Kunst in hohem Maße das Museum und die großen historischen Sammlungen mit ein. Das Museale dieser Bilder besteht nicht nur in den direkten bildhistorischen Hinweisen, sondern auch darin, dass die Allusionen der Leinwand die Fremdheit, Isolation und das hohe Maß an Ausgeschlossensein von der Lebenspraxis integrieren, die Bildern widerfährt, denen ein langes Leben in den stillen Sälen der großen Sammlungen zuteil wird. Hier werden sie zu Präparaten, die unter den Bedingungen von Marmorböden, Stille, Wachplänen der Museumswärter, Feuchtigkeitsmessern, teilnahmslosen Nachbarbildern und gelehrsamen Führungen leben müssen. Diese Balsamierung der einzelnen Bilder, an die Theodor W. Adorno zufolge der übereinstimmende Klang der Wörter Museum und Mausoleum denken lässt, ist integrierter Bestandteil von Nina Sten-Knudsens großen Leinwänden. Die figuralen Zeichen sind in ihrem Ausdruck teilweise mumifiziert und ziehen sich in sich selbst zurück. Dieses Schicksal ereilt natürlich mit der Zeit alle Bilder, je länger ihre Entstehung zurückliegt. In der Regel wird es schwieriger, ihnen über die zeitliche Kluft hinweg eine klare Bedeutung abzugewinnen. Dieser Zeitfaktor trägt allerdings nicht selten zur Magie des Bildes bei und ist hier flüchtiger Bestandteil der Aussage.

Es ist charakteristisch für viele Museen des ausgehenden 20. Jahrhunderts, dass sie selbst als zivilisationsgeschichtliche Zeugnisse aufgefasst werden. Das Museum wird in tieferem Sinne zum Monument, nicht anders als das Musée du Louvre in Paris, das British Museum in London oder die Kopenhagener Ny Carlsberg Glyptotek. Heute fassen wir diese Konglomerate von Kunstgegenständen als kulturhistorische Aussagen mit eigenständiger Bedeutung auf. Im Übrigen sind die klassischen Museumsbauten des 19. Jahrhunderts schwer mit Sedimentationen beladen, mit reich gemasertem Marmor auf den Treppen, mit dem Porphyr der polierten Säulen und mit Versteinerungen längst abgestorbener Schalentiere in kunstvoll geschnittenen Fliesen, um einige Beispiele zu nennen. Eine solch kompakte, gesättigte Stofflichkeit will sich mit den reichen Materialwirkungen der Kunstwerke messen. Gleichzeitig aber schlagen die auserlesenen Steinarten eine unanfechtbare geologische Zeitlichkeit an, die in ihrer Verdichtung bestimmte zarte organische Gebilde in Nina Sten-Knudsens Bildern umzingelt.

V

Einige der großen Leinwände der Ausstellung verweisen auf fotografische Verfahren. So zeigt **Balkon** eine Übereinanderschichtung von Bildern, die an ein dreifach exponiertes Bild denken lässt. Eine Schicht mit gewichtigen klassizistischen Bauwerken, eine mit dem feinen Gespinst des erleuchteten Straßennetzes einer Großstadt und irgendwo dazwischen eine mit Häuserblöcken einer ‚unterirdischen‘ Stadt liegen übereinander. Die Konstellation von einem klassischen Bauwerk, dem Tor zu einer geträumten Stadt, und einem sternenklaren, nahezu stellaren Etwas, das die Vorstellung evoziert, das nächtliche Los Angeles von den Hügeln aus zu betrachten, ist ein kosmischer Griff. Sie gemahnt an das himmlische Jerusalem, lässt an im leuchtenden Diadem des bestirnten Firmaments angelegte kryptische Bedeutungen denken und verleiht der ultramodernen Faszination durch das Immaterielle der heutigen Megapolis als sich kreuzende Netzwerke von Kommunikation, Straßenführungen und Verwerfungen im Terrain Ausdruck.

Es handelt sich um eine Archäologie voller Gegenwart, Kollisionen und Illuminationen, die sich als fluktuierender Bildtext in Szene setzt, dabei aber der schwerfälligen Integration aller Teile des Symbols in eine Gesamtmanifestation entbehrt. Hier spielt die Allegorie in freier Webart mit ihren Zeichen.

VI

Nina Sten-Knudsens Bilder stellen den organischen Charakter des historischen Ölgemäldes zur Schau, das, wenn auch nur scheinbar, alle seine Teile in einen ganzheitlichen Ausdruck integriert. Eine weitere Auseinandersetzung mit den Bildern offenbart den ihnen innewohnenden dramatisierten Konflikt zwischen der Tendenz zum Fragmentarischen und einer vereinigenden Gebärde. Die disparat auftretenden lapidaren Motive der Bilder fordern, dass ihnen Bedeutung in Form einer vereinenden Erzählung zugewiesen wird. Diese Erzählung verharrt jedoch teilweise in eben dem skizzenhaften Zustand, den die Bilder durch die fragmentierten Objekte thematisieren. Die Zeichen verweisen in ihrer Inkommensurabilität auf etwas Unheilbares, sie zielen nicht auf eine geschlossene Offenbarungskraft. Sie müssen gelesen, kreuz und quer kombiniert und dabei in ihrer rein konventionellen Bedeutung verstanden werden.

Das Zeichen ist Fernand de Saussure zufolge weniger mit Bedeutung geladen als das Symbol, und deshalb zieht er in seiner Sprachtheorie den neutraleren Begriff ‚Zeichen‘ dem eher anspruchsvollen Begriff ‚Symbol‘ vor, wie Craig Owens in seinem berühmten Artikel „On the Allegorical Impulse in Art“ darlegt. Das Zeichen ist mobiler, ‚schlanker‘ und weniger inhaltsschwer als das Symbol. Der Zeichenbegriff ist deshalb zur Beschreibung der Allegorie mit ihrer eher freien Kombination von Ausdruckselementen geeignet. Owens betont, dass die Allegorie mehr zu vertikalen Lesarten und zur Verknüpfung sich kreuzender Bezüge einlädt als zu einer zusammenhängenden, kontinuierlichen Lesart, wie eine Erzählung sie verlangt.

Bei Nina Sten-Knudsen steht der Betrachter vor einer rätselhaften Landschaft von Wechselbeziehungen. Die Ablagerungen in den Leinwänden der Malerin haben die unterschiedlichsten Vorlagen, es handelt sich um eine Appropriation, das heißt Aneignung von Bildern, Fotografien und dergleichen, die, wie Owen sagt, von anderen bedeutendungsvollen Bereichen ‚konfisziert‘ werden.

Mit ihren Kombinationen von schattenhaften Fragmenten knüpfen Nina Sten-Knudsens Bilder an eine bestimmte säkularisierte Mystik an, die aus dem europäischen Manierismus eines Albrecht Dürers (seiner berühmten *Melancholia*) oder Giuseppe Arcimboldos bekannt ist, bei dem die Zeichen offenbar nur sehr labile Möglichkeiten besitzen, Bilder zu erzeugen und Bedeutungen zu besitzen. Walter Benjamins bekannte Beschreibung der melancholischen Kunstpraxis trifft hier auf einen bestimmten Blick zu, den Blick des Melancholikers, der die Welt als fragmentiert wahrnimmt. Dieser Blick hat erfasst, wie die Dinge mit sich selbst allein sind, weil der unbefangene Rapport zwischen Mensch und Objekt verloren gegangen ist. Daraus erwächst ein Stillstand, in dem auch das, was wir an Begriffen und Vorstellungen zwischen uns selbst und die Umwelt schieben, den Charakter von Gedankenbildern, von beweglichen Zeichen und Aufschriften annimmt; denn wie auch immer, so kommen wir nicht umhin, das bloße Sein in Bedeutung umzubilden.

Die Nina Sten-Knudsens Ruinenlandschaften innewohnende museale Melancholie, in der Grauen und Schönheit mitschwingen, ist in die Atmosphäre von ‚post-histoire' eingelagert, die vielfach in der bildenden Kunst des ausgehenden 20. Jahrhunderts auftritt. Hier wären Ridley Scotts Science-Fiction-Film-Noir *Blade Runner* und Andrej Tarkovskijs *Stalker* zu nennen, die beide die Katastrophe als Landschaftsmetapher internalisiert haben. In der bildenden Kunst wiederum sind hier zwei Namen wichtig: Ilya Kabakov mit seinen labyrinthischen Erinnerungsinstallationen und Anselm Kiefer mit seinen Skulpturen in der Gestalt von ausgemusterten Flugzeugen oder Büchern aus Blei und seinen großen Leinwänden, auf denen die neuere deutsche Geschichte als verwüstete Landschaft erscheint. In diesen Werken werden moderne Dinge und Territorien demontiert, abgeschrieben und erneut erforscht.

VII

Die klassische Erfahrung von Manierismus und Barock, dass sich der Zusammenhang zwischen Begriff und Objekt aufgelöst hat, verleitet zu künstlerischen Verfahren, in denen frei schwebende Zeichen zu ungewissen Beziehungsmustern verknüpft werden. So werden in der barocken Architektur und später in einem Werk wie Giovanni Battista Piranesis *Capriccios* exzessiv Motive auf intrikate Weise ineinander verschlungen, woraus sehr komplizierte und fast nicht mehr dechiffrierbare Bilder entstehen. Aber auch diese Werke untersuchen die Zeit als Phänomen und gehen der Beschaffenheit des Bruchstücks und der Reste nach, die in physische Kontexte von beträchtlichem Bühneneffekt montiert sind.

Nina Sten-Knudsens Bilder gehören in eine solche Tradition der Fragmentierung und Aufeinanderhäufung von auf Irrwege geleiteten Motiven. In den Bildern der Ausstellung gibt es wechselnde Brennpunkte, perspektivische Schwenks und gleitende Maßstäbe. Die Vorstellung vom Raum als einem Bühnenbild scheint potenziert zu werden durch Wirbel, die die Materie in Brand setzen, durch die Verwandlung schwerer Wolkenschichten in barocke Theatervorhänge, durch die überzogenen Maßstäbe und durch Städte, die im Himmel schweben.

So figurieren in dem Gemälde **Museum** im Verhältnis zu den physischen Bauelementen sehr kleine Gerüste, Kästchen und Schachteln, die bald wie kleine Häuser, bald wie in große

architektonische Rahmen gestellte Ruinenstädte wirken, durchzogen wiederum von Flüssen reich detaillierter Flaschen und Antiquitäten in theatralischem Clair-obscur. Bengalisches Licht strömt wie Nebel in den Zwischengrund der Szenerie. Überall walten Wagnersche Dimensionen.

VIII

In dem multiplen Universum der Bilder wechseln Konstellationen von Figur und Grund, herrschen reiche Kontraste zwischen Hell und Dunkel, bauen sich Spannungen zwischen groß angelegten Sehachsen auf und akkumulieren sich Spuren in der Fläche. Striche, Pigment, dramatisches Zwielicht und halb artikulierte oder verwischte Motive ballen sich zu ineinander gleitende Turbulenzen. Visueller Lärm, exzessive Stofflichkeit und andere chaotische Zustände bilden den Hintergrund für identifizierbare Elemente.

Es gibt deshalb Zonen, die sich nur als Fixierbilder lesen lassen. Sie bieten sich dem Auge als Wirrwarr dar, aus dem etwas hervortritt und im Betrachter Hypothesen über einen inneren Text anregt, über eine Bedeutung, die sich in den nur erahnten Figuren verbirgt. Der zur menschlichen Disposition gehörende Impuls, dem wahrgenommenen Unbekannten eine Gestalt zu verleihen, wird in Nina Sten-Knudsens Bildern durch die Gestalten stimuliert, die sich tatsächlich im Raum des Bildes identifizieren lassen.

Die Tradition, eine solche verborgene Figürlichkeit zu evozieren, lässt sich bis in die Versuche der Antike zurückverfolgen, kleinere Berge so umzubilden, dass sie Gesichtern ähneln. Sie taucht wieder in den anamorphotischen Bildern des Manierismus auf, in denen bekannte Gestalten optisch bis an die Grenzen der Unkenntlichkeit verzerrt werden, dann wieder in der holländischen Landschaftsmalerei des 17. Jahrhunderts, in den Bildern Jacob van Ruisdaels mit ihrem Dialog zwischen Wolkenformen und den Umrissen von Baumkronen, oder den leidenschaftlichen Skizzen und großformatigen Bildern des Engländers John Constable. Im 20. Jahrhundert wiederum ist es Paul Klee, der Figuren aus dichten ornamentalen Linienführungen hervorspringen lässt. Dies, um nur einige Beispiele zu nennen.

Auch Leonardo da Vinci soll sich Gustav René Hocke zufolge zu diesem Phänomen geäußert haben. Im Geflecht von Zweigen, in Ablagerungen und Mustern, die von Flecken gebildet werden, bemüht sich der Künstler, eine verschwommene Signatur zu lesen, die er als Bild wirkender Weltkräfte deuten kann, oder aber die nichts offenbart und nur als rätselhafte Hieroglyphe erscheint. All dies kann ihn zu Bildern inspirieren. Hocke beschreibt in seinem kulturhistorischen Werk über den Manierismus „Die Welt als Labyrinth" diese Suche nach einem eingelagerten Kode bei Leonardo folgendermaßen:

„Der Geist des Menschen und die ‚misteriosa energia spirituale‘
der Welt sollen als Einheit in solchen abstrakten Rätselbildern,
in Farben und Linien, Flächen und Bewegungsformen zumindest ‚ahnend‘ gesehen werden. Die Malerei strebt nach dem
optischen ‚concetto divino‘. Man erinnert sich, daß Leonardo
seinen Schülern empfohlen hat, Farbflecken und Figuren auf
alten Mauern, in Bruchstücken von Steinen, Dingfragmente
aller Art zu beobachten, weil sie ihnen eine neue Wirklichkeit
offenbaren könnten.“

In Nina Sten-Knudsens Bildern entfaltet sich ein Geflecht
von sich kreuzenden Spuren und Energieströmen, verknoten
sich Pinselstriche und wachsen Figurationen, wie sie jeder
schon einmal herausgelesen hat aus Wolkenformen, Felsmas-
siven oder dem Rand, den Wellen im Strandsand absetzen. Ob
das Herausgelesene auf eine göttliche Idee oder esoterische
Vorstellungen verweist, hängt von den Augen ab, die sehen.

IX

Nina Sten-Knudsens schwermütige Prospekte enthalten Elemente aus der Geschichte der künstlerischen Allegorie. Hier
wären das Flair des mythisch Schicksalhaften in der Natur zu
nennen, gegenseitige Überblendungen von Menschheits- und
Naturgeschichte, die Zerstückelung figuraler Bedeutungsein-
heiten in eine Art Rebus oder Dingsprache und der Blick für
Stummheit und Trauer in der Natur, ein Thema, das Walter
Benjamin in Bezug auf das barocke Trauerspiel ausgeführt hat.

Formale Harmonien und die ganzheitliche Integration
aller Teile, die das organische Kunstwerk kennzeichnen,
werden hingegen demontiert. Überreste dieser Auflösung evozieren eine Rekonstruktion im Bild selbst oder lassen neue
Bedeutungen entstehen. Die Bildzitate führen bei Nina Sten-
Knudsen ein abruptes Dasein, wie kleine Funken in einem
sublimen Raum, in dem der sich auflösende Gedanke in Bilder
zerfällt.Dieses formale und thematische mit-der-Welt-ver-
fallen-Sein wird gemäßigt durch das Einstreuen ungültig ge-
wordener Zeichen. Das ist anders als in den großen kataklys-
tischen Landschaftsbildern, die ein William Turner zu Beginn
des 19. Jahrhunderts malte und die noch eine symbolische
Offenbarungsdimension verheißen.

Eine andere Tradition, die Nina Sten-Knudsen aufgreift,
ist die der schwermütigen, erloschenen Landschaft, die sich
in Bildern des Jüngsten Gerichts oder in Francisco de Goyas

Schilderungen der Verheerungen des Krieges findet. Sie haben
Gefolgschaft erhalten in den sinnbildlichen Einöden der Kunst
des 20. Jahrhunderts, in der Dichtung, dem absurden Theater
und in Road Movies.

In diesen Kontext gehört auch das sublime Landschafts-
bild, das um 1800 gemalt wurde. Hier erschüttern den Betrachter außergewöhnliche Größe und Kraft, die Wassermassen der
Meere, das Toben des Orkans, das überwältigende Massiv des
Berges, die Ausdehnung der Ebene, der Sprung des Tigers oder
der Blick des Adlers. Als einer der ersten stellte der Ire Edmund
Burke um 1750 in seinem „Essay über den Ursprung unserer
Vorstellungen über das Sublime“ die These auf, diese Vorstellung gründe in der Furcht und sei auf „die sublime Wirkung
von Dunkelheit und zerstörerischen Mächten, von Einsamkeit,
Stille und brüllenden Tieren“ zurückzuführen.

X

Diese Äußerung, die den Beginn der Romantik ankündigt, beschreibt auch einen Zug in Nina Sten-Knudsens Leinwänden
der letzten Jahre. Sie üben eine erhebliche Suggestionskraft
aus, wobei der Spannungszustand in ihrem Œuvre eher in-
direkt ist und sich durch den Abstand aufbaut zwischen dem,
was wir sehen, und dem dahinter liegenden Universum von
inneren Bildern, die das Gesehene evoziert.

Der Standpunkt des Betrachters dieser Bilder ist vergleich-
bar mit einer Passhöhe, von der aus er auf eine lange histori-
sche Strecke von Bildentstehungen zurückblicken kann, die
wiederum als eine Wanderung durch Landschaften dargestellt
ist. Diese große Schau, in der sich der zurückgelegte Weg dar-
bietet, löst auch Glücksgefühle aus, in immer neuen Anfängen
Bilder schaffen zu können, als geschähe es zum ersten Mal.

Literatur

Benjamin, Walter: Das deutsche Trauerspiel, Gesammelte Schriften,
    Suhrkamp, Frankfurt am Main 1991.
Blumenberg, Hans: Höhlenausgänge, Suhrkamp, Frankfurt am Main
    1989.
Burke, Edmund: Philosophische Untersuchungen über den Ursprung
    unserer Ideen vom Erhabenen und Schönen, Felix Meiner Verlag,
    Hamburg 1989.
Hocke, Gustav René: Die Welt als Labyrinth, Manier und Manie in der
    europäischen Kunst von 1520 bis 1650 und in der Gegenwart (1908),
    in: Rowohlts deutsche Enzyklopädie, Sachgebiet Kunstgeschichte
    S. 50, 51, 52, Rowohlt, Hamburg 1957.
Owens, Craig: On the Allegorical Impulse in Art, in: Wallis, Brian: Art
    after Modernism, David R. Godine, New Hampshire 1999.
Wilton, Andrew: Turner in his Time, Thames and Hudson, London 1988.

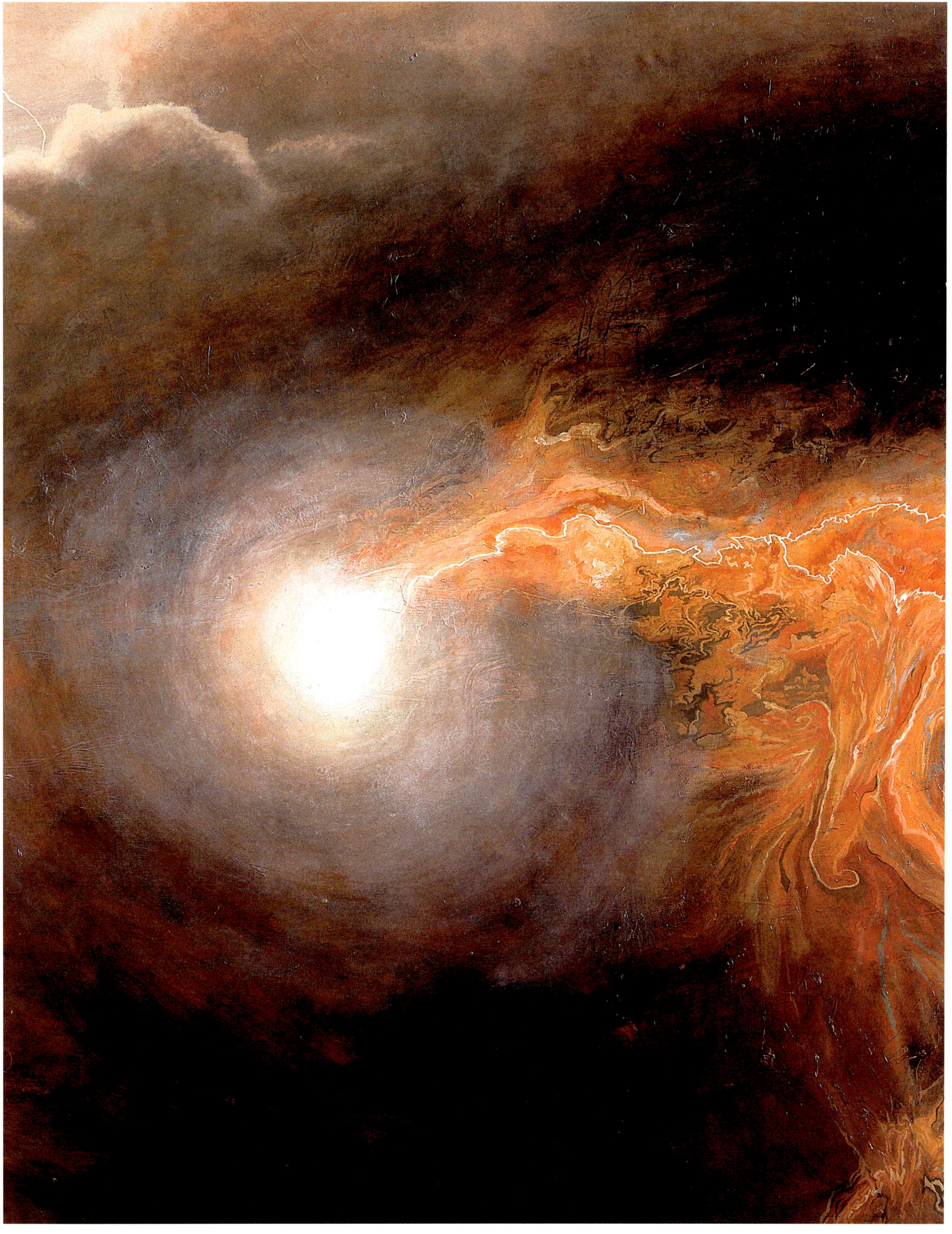

Horror and Beauty
The melancholy Arcadia of Nina Sten-Knudsen's pictorial journeys, depots and excavations

Carsten Thau

I

Arcadia was an idyllic landscape in the Peloponnesus, which, even in Roman times, was legendary and had the status of a cult for its beauty and aura of innocence. Arcadia surfaced again in the Renaissance, when members of the Medici family, staying at their villa in Fiesole, played at shepherds wandering in this pastoral paradise. In the poetry and painting of the following centuries, new variations of Arcadia appear, complete with the temples and ancient ruins of a complicated and fractured, yet stationary richness, and suffused with the paramount experiences of the era and a feeling of melancholy satiety. These scenes of nature are perhaps the most sublime European ideal of the landscape, and present a parallel to the urban utopia. However, this noble contemplation was soon threatened by another feeling, one provoked by the presence of the tomb and its emanation of both rest and restlessness. The colossal monuments embedded in the landscape became symbols of the ravages of time, and of the unbridgeable gulf between this and the lifespan allotted to human beings. Other dissonances also resonate in this picture that has the timeless aristocratic reconciliation of nature and culture as its point of departure. The reformulation of the Arcadian could be one approach to the paintings of Nina Sten-Knudsen; another could be the collision of eras, the perspective of the artist, the extremely individual way in which she observes archaeological strategy in European art.

It is known that certain artists of the 15th and 16th centuries, Raphael among them, dug their way down into some of the inner rooms of Domus Aurea, the palace of the Emperor Nero, in order to study its paintings and decorations in detail. These paintings were described as 'grotesque' because they were kept under the ground in artificial grottos. Later, Raphael and his students used these studies for the decoration of his famous loggia in the Vatican. We also know that artists of the time were deeply impressed by the Laocoön group and the many other sculptures that were excavated in Rome during the 16th century. Indeed, the paintings and statues that were recovered from Roman ruins, from the Renaissance to the Neo-Classicism around 1800, played an increasingly important role in an art imbued with a passion for archaeology. Ultimately, Romanticism, viewed this inheritance as a grandiose predecessor and model as well, however, as a threat.

Already, the history of visual arts appears to be an endless series of pictorial references, influences and transformations. This history can be understood as a huge engine producing references and erudition, not in the sense of merely having influence, but as a reservoir of answers to the questions of how and why artistic material is revitalised and reshaped. The studies and backward movements of artists seem to imitate an unruly photocopier, causing giddiness in art aficionados touring museums and galleries. If there is a good reason for reflecting on the motif of the grotto or cave and its surroundings, it is to be found in paintings of Nina Sten-Knudsen like **Museum** (2002), which explore these motifs, reaching back to the archive of humanity's images through its narrative archaeological perspective.

The cave is the original place of shelter for humans. It also contains the earliest human pictures, images painted on cave walls and animated by firelight. This knowledge seems to underpin Plato's philosophical use of pictures on the cave wall, as it deals with the fascination of human beings for a reality created by pictures. Narrative forms of expression, tales about the success of the hunt on the plains below the cave, were probably told here, sheltered from bad weather and other dangers.

In such rocky caves, we saw the very first portrayals of wild animals surrounded by matchstick-men human hunters carrying spears. We also know the painted imprints of hands and feet, striking negative outlines of the human anatomy.

These caves, a natural phenomenon, are the first memory banks of humanity; they are the first settings for localities for visual praxis, and the first concrete formations of religious and practical experience, which exist parallel to the practice of ancestor worship. A stable framework is thus provided: for the accumulation of knowledge, to control the passing of time through narration, and for the projection of the self-perception of the body through shadows or spatial density. It is notable that the more elaborate representations of the human body are to be found in the innermost parts of the cave. Thus the cave is an early human setting for imagination, duplications, sign formation, and control of the environment.

Furthermore, the cave forms a 'telescope' for looking at the landscape below. It creates an unconscious interchange between the internal and the external, and so also between the semi-diffuse body image adrift in the boundless stretches of the plain on the one hand, and the protective shell of body and clan on the other. It thus designates two clearly separate living spaces. The cave has an appearance of protection, at the same time, however, we must be aware that it can also be an uncanny place, visited by the demonic beings of our imaginings, of all the ideas that human beings must struggle with internally and collectively, using their highly developed powers of anticipation and imaginative visualisation, qualities also essential for the survival of the species. Therefore, the cave has entered human memory as a mythological place, linked to the limits of imagination, to magic, to incantation, but also with the beginnings of self-reflection in the form of myth.

The term grotesque, from the word grotto, refers not only to the wall decorations in Nero's Palace, but also to ancient treasures, hidden in mountain caves in Italy for example for hundreds of years, and discovered centuries later. These caches include exquisite household items, silver vessels, idols, medallions, gold jewellery and ceremonial weapons. The people who discovered these objects found them alien not least because of the layers of dust and even chalk that had accumulated on them. Their ruinous condition makes them appear 'grotesque' and almost incomprehensible, but this is also due to the fact that, the meaning of their decoration and their pictures had been lost and their purpose is no longer understood. The meaning of these mysterious relics, sent like messages-in-a-bottle from a long-gone civilisation, has a curious effect; they speak an unknown language of artefact that alluded to a drama no longer remembered.

II

Nina Sten-Knudsen's pictures roll their viewers into a great historical space. They have a powerful antiquarian undertow and suggest the idea of the world as museum. We seem to experience a remote echo from the imaginative spaces of prehistoric caves, from their walls covered in archaic silhouettes. At the same time, they remind us of the Roman landscape fantasies of the murals of Pompeii, and of the mysterious landscapes in Renaissance portraits whose backgrounds contained atmospheric perspectives radiating a promise of hope. They also evoke the great spherical wall paintings of the Baroque; out of open floodgates, the light of the heavens or rolling cloud formations cascade over precious ruined fragments. We see the noble, melancholy Arcadia of Nicolas Poussin and Claude Lorraine of their Umbria paintings; the Venetian stage sets of the Galli-Bibiena brothers with their fabulous landscapes of ruins of the 18th century; followed by the archaeological Romanticism of their successors, Giovanni Battista Piranesi and Joseph Gandy with their great Roman remains, antiques and compact architectural fragments, piled in dense layers in underground rooms and illuminated by a fading heavenly light. Here too are David Roberts' ideals, his ancient landscapes and palaces; and, most of all, we remember the works of William Turner, his developments from clouds created from the wet pigments of his watercolours to his large-format oil paintings full of vapour, steam and the exaltation of the material, here, the elements of earth, water and air are unified.

However, the superordinate approach of this historical review also includes 19th-century theatre design, the great billboards of classical cinema, and the burning skies of the epic film with the 'larger-than-life' special effects of the 20th century. The large-scale pictures of apocalyptic wastes created by Anselm Kiefer should also be mentioned. He was the first in the history of painting – admonishing the tradition of history painting – to depict destruction in the canvas itself by using a blowtorch to almost destroy the motif.

Traces of this and, depending on the viewer's temperament, traces of much more can be perceived in Nina Sten-Knudsen's particular synthesis of the cult of ruins, landscape painting and history painting. We see, not just pictures, but pictures within pictures. The human figures that appear in these enormous canvasses could be anything from roughly drawn outlines to figures transplanted from the dark interiors of Johannes Vermeer van Delft, to mummies, dolls and busts taken from the metaphysical paintings of Giorgio di Chirico. Traits of surrealism with its sporadic portrayals of figures in the desolate landscapes of passing time also manifest themselves; and we also think of the strange transitional entities of Max Ernst a cross between the human, animal and rock formations. In his Arizona paintings, Max Ernst opened our eyes to geological time, to the slowest process imaginable with the exception of the epoch of the creation of the stars.

III

In the Nina Sten-Knudsen's paintings from the previous decade, we encounter many temporalities, including – unusually for a Danish artist – 'geological monuments to time'. Via the great artistic statements of the 20th century: the rock formations and 'frottages' of Max Ernst to the mountain bluffs of John Ford's westerns and some of Robert Smithson's works of land art, we have become aware of the geological dimension of time. Within this time, relatively young mountain chains like the Alps, despite their rugged peaks cloaked in eternal snow, seem less disturbing than the eroded Ayers Rock in central Australia or certain cadaverous, desiccated mountain ranges in Arizona. Under our modern gaze, these scarred masses of rock transform into an allegory of time.

Sten-Knudsen's work presents the viewer not just with a cascade of images, but also with a significant array of metaphors for time, transitions between high pathos and comedy, metropolitan conurbations, grottos, Aladdin's caves, theatre curtains and sunken cathedrals. Staffage figures occupy the landscape, either fossilised or reduced to a precarious position of witness in the foreground of the picture, lost in melancholy brooding or transferred into the thin skin of photography, rolled up in the muddy morass of their clothing, in the complete stagnation of the petrifact, or even as a great procession of fossils. There is a strong feeling of 'post-histoire', of the end of history, in this monumental atmospheric painting.

The viewer is thrown into something similar to that disturbed sleep experienced after a totally exhausting visit to the Musée du Louvre or the Metropolitan Museum of Art. The viewer is pulled hither and thither, from room to room by the appeal of the works conjuring up a world of reproductions. These appear in multi-layered impressions as unquiet remains, which, for their part, are inserted into a three-dimensional structural painting.

During the Romantic period, the French artist Hubert Robert painted a picture that evoked the great gallery of the Louvre as a ruin: a sublime synthesis of cultural density and the ravages of time. The ruin as a sign enduring beyond time vouches for the immortality of the location: its magnificent drama producing the apotheosis of artistic creation.

Nina Sten-Knudsen takes us to landscapes that, despite their historical references and suggestive spaciousness, are deterritorialised. Basically, these are depopulated zones where known forms of humanity and the miraculous power of art lose their function. This space signifies the exhaustion of utopia, the vacillation of the philosophy of history and the final collapse of history painting. We are faced with a series of paintings containing indistinct narratives that lie in the – merely remembered –otherness of landscape painting and the beauty of nature. Even the promise of happiness and eternal return that glowed in the twilight and then shone on the horizon throughout the history of landscape painting, is relegated to the museum, an art historical cliché; no parody is intended, but neither is there absolute certainty.

The viewer is the one who must pull all the threads together. Such a viewer perceives time and space like a traveller, unstable and indefinite. He or she must now find the way alone, reading each individual section of the painting, without ever being certain of any definite meaning. The traces of meaning on display create a certain tension; their illusionist orchestration and the material nature of the painting encourage this.

A further incentive for the decoding of this extended rebus is given by the ominous atmosphere and the suggested fatalities that could arise from this atmosphere, if the signs are not read correctly.

IV

It seems that the rebus, which, after all, does reveal its well-kept secrets, has been replaced by an enigma closing in on itself. This does not have the same meaning as the triumph of meaninglessness or randomness. As with, Giorgione's *The Tempest* (Gallerie dell'Accademia, Venice) for example, here we must accept that the allegory of the picture is to some extent lost – or is maintaining a very low profile.

While modern art often acts as if it were anti-museum, to a large extent, the art of Nina Sten-Knudsen is concerned with the museum and the great historical collections. The museum quality of these paintings resides not only in the direct pictorial and historical references, but also in the allusions in the canvas, that integrate the strangeness, isolation and extreme exclusion from ordinary life that befall the paintings when they are granted a long life in the quiet halls of the great collections. Here, they become specimens that must exist within the context of marble floors, silence, the shifts of the attendants, moisture meters, indifferent pictures as neighbours and scholarly tours. This embalming of individual pictures, which, according to Theodor Adorno recalls the similarity of the sound of the words 'museum' and 'mausoleum', is an integral element of the large canvasses of Nina Sten-Knudsen. The expressions of the figural signs are often mummified and withdraw back into themselves. Of course, this is the fate of all pictures over time, as our distance from the time of their creation becomes greater. Generally, the chasm of time makes it more difficult to extract any unambiguous meaning. However, it is often this temporal factor that helps to create the magic of the pictures and is a transient element of their testimony.

Many museums of the late 20th century are characterised by their understanding of their function as witnesses to the history of civilisation. In a profound sense, the museum itself has become a monument, such as the Musée du Louvre in Paris, the British Museum in London and the Ny Carlsberg Glyptotek in Copenhagen. Today, we understand these accumulations of art objects as cultural and historical statements in their own right. Incidentally, the classic 19th-century museum building is weighed down with sedimentations, with richly veined marble stairways and polished porphyry columns, and with the petrification of long-extinct crustaceans on artfully styled tiles, just to give a few examples. Such a dense, saturated materiality is a very appropriate setting for the rich material impact of the works of art. At the same time, however, the exquisite stones impart an indisputable, geological temporality whose density surrounds certain fragile organic entities in Nina Sten-Knudsen's pictures.

V

Some of the large paintings in the exhibition, make reference to the photographic process. In **Balkon**, for example, the multi-layering of pictures evokes a triple-exposed image: a layer of weighty buildings in the classicist style, another with the fine web of an illuminated urban road network, and somewhere between them, another with an 'underground' city whose buildings lie on each other in layers. This combination of a classical building, the gateway to a dreamed city, and a starlit, almost stellar something that evokes the impression of the nightscape of Los Angeles as seen from the hills, this is a cosmic move. It is reminiscent of the heavenly Jerusalem, the firmament's shining diadem of stars conjures up cryptic meanings, and gives expression to the ultra-modern fascination with the immaterial of the modern megalopolis, in the form of a criss-crossing network of communications, street layouts and dislocations on the ground.

This is archaeology sate with the present, with collisions and illuminations that take their place in the scene as fluctuating pictorial text, which, however, lacks the ponderous integration of all parts of the sign in one great manifestation. Here, allegory loosely weaves together the signs.

VI

Nina Sten-Knudsen's paintings put the organic character of the historical oil painting on display, this integrates – or at least appear to do so – all its elements to create a unified expression. A closer examination of the pictures reveals that they contain a dramatised conflict between a fragmentary tendency and a unifying gesture. The disparate and succinct motifs of the paintings exhort meaning in the form of a unifying narrative. However, this narrative persists, in part, in that sketched condition that the pictures thematise through the fragmentary objects. The incommensurability of the signs suggests something irreparable; they are not striving for any definitive faculty of revelation. They must be read, combined in different ways in order to be understood in their purely conventional meaning.

The sign, according to Ferdinand de Saussure, contains much less meaning than the symbol, and, therefore he uses the more neutral term 'sign' rather than the more discriminating term 'symbol' in his theory of language, as Craig Owens explains in his famous essay: "On the allegorical impulse in art". The sign is more mobile and 'slimmer' and its content is less weighty than that of the symbol. The sign, thanks to its ability to combine expressive elements with greater freedom, is thus better suited to the description of allegory.

Owens emphasises that allegory is more of an invitation to vertical ways of reading and to the linking of intersecting references than to the coherent, continuous reading of a narrative. Nina Sten-Knudsen offers the viewer an enigmatic landscape of interlinked relationships. The deposits in the paintings of the artist come from a great range of sources; this is an appropriation of pictures, photographs, and so on, which have been, as Owens puts it, 'confiscated' from other meaningful domains.

The combination of shadowy fragments in Sten-Knudsen's pictures link them to a particular secularised kind of mysticism that can be found in the European Mannerism of Albrecht Dürer (in his famous *Melancholy*) or in the work of Giuseppe Arcimboldo, where signs apparently possess only a very unreliable ability to create pictures and allocate meaning. Walter Benjamin's famous description of the melancholy of art praxis is relevant here in a particular way, in the gaze of the melancholic who perceives the world as fragmented. This gaze registers how objects are alone in themselves, since uninhibited rapport between the human being and the object has been lost. This creates a condition of stasis where the concepts and ideas that we position between ourselves and our surroundings assume the character of mental constructs, of flexible signs and inscriptions, since, no matter what, we cannot avoid the reshaping of mere existence into meaning.

The melancholy of the museum inherent in Nina Sten-Knudsen's landscapes of ruins, where both horror and beauty resonate, is embedded in this atmosphere of 'post-histoire' that regularly makes an appearance in the visual art of the close of the 20th century. Ridley Scott's science fiction film noir *Blade Runner* and Andrej Tarkovskij's film *Stalker* are two good examples of works that have internalised the catastrophe as a metaphor of the landscape. In the world of fine art, two names must be mentioned: Ilya Kabakov with his labyrinthine installations of memory and Anselm Kiefer with his sculptures in the shape of discharged aeroplanes, books made of lead, and his large paintings depicting recent German history as a devastated landscape. These are works in which modern objects and territories are dismantled, disregarded and investigated anew.

VII

The classical Mannerist-Baroque experience that there are no longer any connections between concept and object tempts the artist towards a process where free-floating signs can be linked to create questionable patterns of relationship. Baroque architecture, and later in the 'capricci' of Giovanni Battista Piranesi, excessive motifs are intricately interlaced to create extremely complicated pictures that are almost impossible to decipher. However, these works also explore the phenomenon of time, and investigates the nature of the fragment and the relic set in a physical context of great theatrical effectiveness.

Nina Sten-Knudsen's pictures belong to this tradition of fragmentation and the multi-layering of motifs that have gone astray. The pictures in this exhibition contain shifting focal points, rotations of perspective and fluctuating scales. The portrayal of space as a theatrical stage set seems even more potent thanks to the whirlwinds that set the material ablaze, to the transformation of the heavy layers of cloud and the cities floating in the sky.

In the painting **Museum**, very small frames, caskets and boxes that, in relation to the physical construction of the painting, alternate in appearance from that of small houses to that of ruined cities set in a grand architectural framework, and are traversed, in turn, by rivers of richly detailed bottles, and antiques in a theatrical chiaroscuro. Bengal light flows like fog into the central section of the scene; Wagnerian dimensions prevail in the entire painting.

VIII

In the multiple universes of these paintings, the relationships between figure and ground shift, rich contrasts between light and dark dominate, tensions grow between the capacious optical axes, and traces accumulate on the pictorial plane. Brushstrokes, pigment, dramatic twilight and semi-articulated or blurred motifs gather together in turbulences that flow into each other. Visual noise, excessive materiality and other chaotic states create the background for identifiable elements.

Therefore, some zones can only be read as projected images. They confront the eye as labyrinth, from which something emerges and stimulates hypotheses in the viewer about an inner text, about a meaning that is concealed in the merely suggested figures.

Giving shape to that which is perceived as unknown is a hard-wired cognitive impulse in human beings; this impulse is encouraged by the shapes in Nina Sten-Knudsen's work, which actually can be identified within the space of the picture.

This tradition of evoking a hidden figurativeness can be traced back to antiquity, to attempts to portray small mountains in such a way that they resemble faces. It occurs again in the anamorphic pictures of Mannerism where familiar images were optically distorted beyond recognition; again in the Dutch landscape painting of the 17th-century, in the works of Jacob van Ruisdael with their dialogue between cloud formations and the outlines of treetops; or in the passionate sketches and large-format paintings of the English painter John Constable. In the 20th century, we have Paul Klee and his figures that spring forth from his dense and decorative use of line.

According to Gustav René Hocke, Leonardo da Vinci also commented on this phenomenon. Within the tight network of sections, deposits and patterns created by splashes of paint, the artist attempts to read a blurred signature that can be interpreted as a picture of active earthly powers, or that reveals nothing and appears only as an enigmatic hieroglyph. All this can inspire an image for the painter. In his cultural history on Mannerism, "The World as Labyrinth", Hocke describes the search of Leonardo da Vinci for an saved code as follows: "The human spirit and the 'misteriosa energia spirituale' of the world should be seen – or at the very least, anticipated – as a

unity within such abstract enigmatic pictures, within colours and lines, within planes and forms of movement. Painting strives for an optical 'concetta divina'. We remember that Leonardo urged his pupils to observe paint stains and figures on old walls, fragments of stone and assorted remnants for they could reveal a new reality to them."

An intertwining of linked trails and energy flows emerge from Nina Sten-Knudsen's pictures; brushstrokes tangle together and figurations develop, such as those every person has imagined in cloud formations, mountains or in the ring left by waves on sandy beaches. This can be interpreted as a divine idea or as esoteric imaginings depending on the gaze of the viewer.

IX

Nina Sten-Knudsen's melancholy prospects contain elements from the history of artistic allegory. The air of the mystic fatefulness of nature is one example, interwoven layerings of human and natural history, the fragmentation of figural units of meaning into a kind of rebus, and an eye for the muteness and sorrow that reside in nature, that Walter Benjamin, inter alia, examined with reference to Baroque tragedy.

On the other hand, the formal harmonies and the holistic integration of all those parts that characterise an organic work of art are dismantled. The remains of this dissolution evoke a reconstruction within the picture itself or permit new meanings to arise. The pictorial references in Nina Sten-Knudsen's work live an abrupt existence, like small flickers of light in a sublime space where disintegrating thought decays into pictures. This formal and thematic decay-with-the-world is tempered by the interspersion of invalid signs. This is different to the great cataclysmic landscape paintings of William Turner from the early 19th century, which still offered a symbolic possibility of revelation.

Another tradition that Nina Sten-Knudsen develops is that of the melancholy, extinct landscape, as found in depictions of Judgement Day and in Francisco de Goya's portrayals of the ravages of war. These have echoes in the symbolic wastelands of the art of the 20th century, in poetry, in the theatre of the absurd and in road movies.

The sublime landscape painting created around 1800 is also relevant in this context. Here, the viewer is overwhelmed by greatness and power: by the great weight of the seas, the rage of the hurricane, the breathtaking massif, the expanse of the plain, the leap of the tiger and the gaze of the tiger. In the 1750s, the Anglo-Irish thinker Edmund Burke, author of "A Philosophical Enquiry into the Origin of Our Ideas of the Sublime and Beautiful", was one of the first to propose the theory that this idea has its origins in fear and is based on "The sublime effect of darkness and destructive powers, of loneliness, silence and howling animals".

X

This comment, a precursor of the Romantic period, also describes a feature in the work of Nina Sten-Knudsen of recent years. These paintings exercise considerable powers of suggestion, although the tension in these works is more indirect and is constructed in the space between that which we see and the underlying universe of inner images evoked by what is seen.

The viewer of these paintings has the viewpoint of someone standing on a high mountain pass looking back over a long historical vista of the production of images that, for its part, is portrayed as a tour through many landscapes. The grand view proffered by this travelled past releases feelings of happiness, through being able to create images anew, as if for the very first time.

References

Benjamin, Walter: Das deutsche Trauerspiel, Gesammelte Schriften, Suhrkamp, Frankfurt am Main 1991.

Blumenberg, Hans: Höhlenausgänge, Suhrkamp, Frankfurt am Main 1989.

Burke, Edmund: Philosophische Untersuchungen über den Ursprung unserer Ideen vom Erhabenen und Schönen, Felix Meiner Verlag, Hamburg 1989.

Hocke, Gustav René: Die Welt als Labyrinth, Manier und Manie in der europäischen Kunst von 1520 bis 1650 und in der Gegenwart (1908), in: Rowohlts deutsche Enzyklopädie, Sachgebiet Kunstgeschichte pp. 50, 51, 52, Rowohlt, Hamburg 1957.

Owens, Craig: On the allegorical impulse in art, in: Wallis, Brian: Art after Modernism, David R. Godine, New Hampshire 1999.

Wilton, Andrew: Turner in his Time, Thames and Hudson, London 1988.

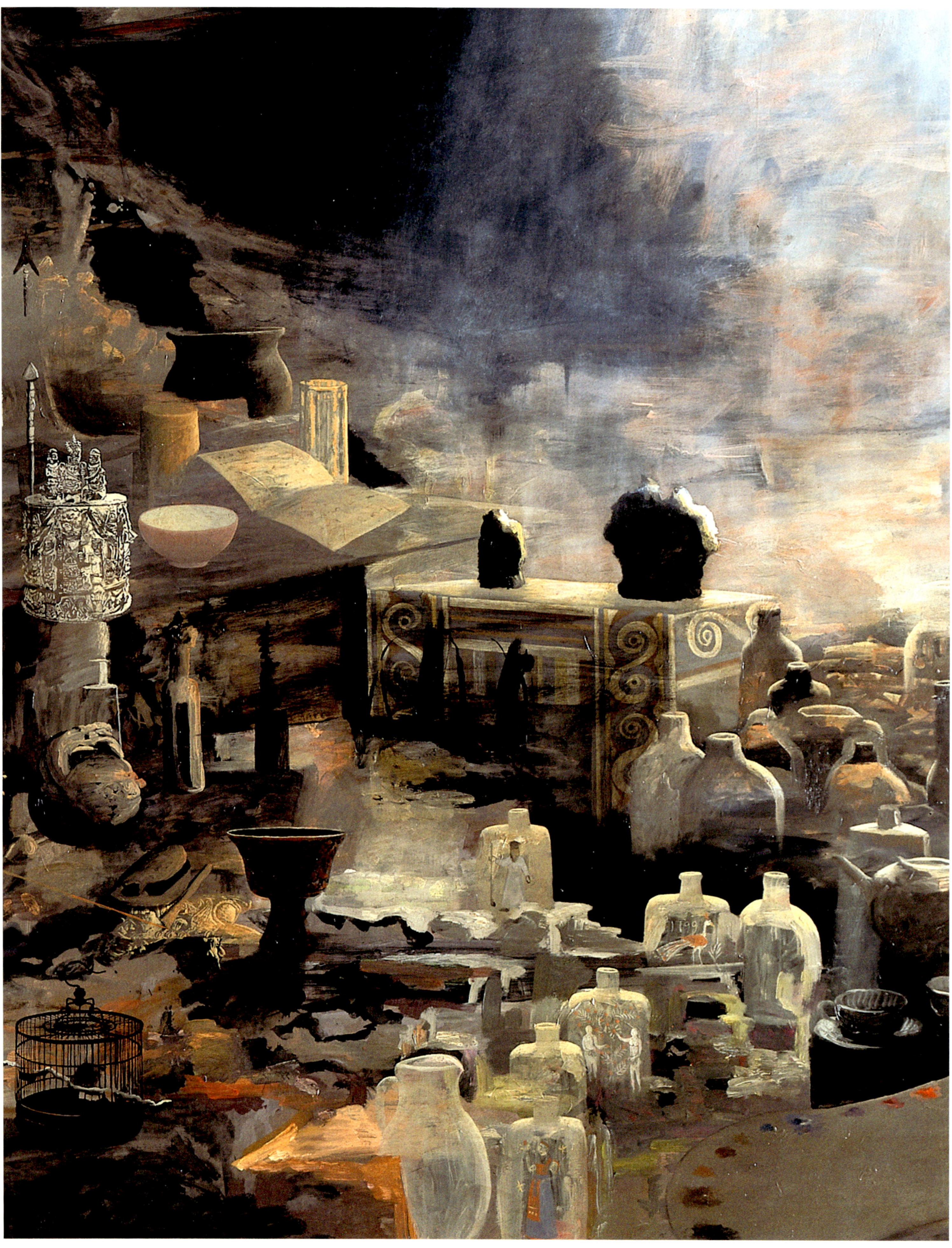

Bilder, die gefehlt haben

Nina Sten-Knudsen im Gespräch mit Peter Iden

Vorrede

Das erste Bild, das ich von Nina Sten-Knudsen zu sehen bekam, war nur das große Foto eines noch weit größeren Gemäldes aus dem Jahr 2002 mit dem Titel **Museum**. Schon das Foto – ich dachte gleich: um wie viel mehr muss das für das Original gelten – bestach und verführte zu ausführlichem Hinsehen durch den Reichtum, geradezu eine Überfülle, der in einem weitläufigen Raum mit tiefen Fluchtpunkten dargestellten Einzelheiten.

Es sind vor allem unzählige Flaschen, Gläser, Krüge in den unterschiedlichsten Formaten, manche leer, andere mit farbigem Inhalt, die den Vordergrund des Bildes vielteilig besetzen. Im Hintergrund strömt, fast wie stürzendes Wasser, durch eine schartenartige Öffnung weißes Licht in diesen Raum. Eine weitere Öffnung zieht den Blick gegenläufig in eine ferne Straßenschlucht, möglicherweise führt sie durch eine Ruinenlandschaft. Es herrscht eine Stimmung, für die in der Geschichte der Malerei einen Vergleich zu finden, nicht leicht ist. Am ehesten ließen sich vielleicht die *Carceri* (Kerker) Giovanni Battista Piranesis assoziieren. Wie in den Stichen des Venezianers aus dem 18. Jahrhundert entsteht ein Eindruck von Verfall und Bedrängnis, die aber Weite und Freiheit als Gegenbilder in sich einschließen.

Jedenfalls wurde es unumgänglich, nach der Erfahrung des Fotos von **Museum** die Kunst der dänischen Malerin in originalen Bildern kennen zu lernen. Diesem Wunsch zu entsprechen, ist ihr schwer gefallen: Weil alles, was sie seit etwa 1998 gemalt hat, sich darstellt in großen Formaten, musste sie für den provisorischen Überblick in Kopenhagen erst einen Raum finden. Wir fuhren, als es an einem eiskalten Tag im März dieses Jahres so weit war, zu einer Lagerhalle auf einem früheren Fabrikgelände am Stadtrand; im Oberstock hatte sie einige ihrer Bilder aufstellen können, im Erdgeschoss probte mit ohrenbetäubendem Lärm eine Rockband.

Balkon, gemalt 2005, war die jüngste der Arbeiten, angeregt durch ein Motiv Edouard Manets. Ein im Grundton schwarzes, nächtliches Stadtbild. Auffällig ist die Gleichzeitigkeit wechselnder Perspektiven und unterschiedlichster Vorgänge. Die große Leinwand ist bis in die letzten Winkel besetzt von Dingen und Figuren in manchmal miniaturhaft ausgeführten Konstellationen, auch von metaphorischen Zeichen. Auszumachen ist auf einer höher gelegenen Terrasse eine Gruppe von Personen in Betrachtung des urbanen, punktuell durch Leuchtschriften erhellten Ambientes, an anderer Stelle marschiert ein Trupp von Soldaten. Außenwelt wird kontrastiert durch Innenräume wie ein Zimmer mit Bett. Das Zitat von Vergangenem, zum Beispiel am unteren Bildrand schwebende antike Vasen, reicht in Gegenwärtiges, Gegenwart wird unterlaufen von Vergangenheit. Die Atmosphäre ist eine der Instabilität und Gefährdung. In dieser Bildwelt ist Halt nur daran gegeben, dass es keinen Halt gibt.

Menschliche Figuren auch in **Just Give Me My Equality** (2004–2005), unterwegs in rätselhaften Verbindungen in einer wie von Feuer durchglühten Landschaft. Gestalten, die gegen Ort- und Weglosigkeit ihre Anwesenheit behaupten. In **Opera** erscheinen sie mit Gebärden der Trauer, wieder wirkt der Raum ihres Auftritts ohne Begrenzung. Diese Wiedergewinnung der Figur, die in den Bildern Nina Sten-Knudsens mitunter die als Zitat erkennbare Erinnerung an vergangene Größen der Kultur (Rembrandt van Rijn, Johannes Vermeer van Delft, den Dichter Giacomo Leopardi, Wolfgang Amadeus Mozart) zu Hilfe nimmt, wagt zugleich ein Pathos, wie es sich in der gegenwärtigen Malerei in anderen Ausprägungen auch bei Anselm Kiefer und Markus Lüpertz findet.

So sind auch die beiden Gemälde **Landskabet, senere** (1998) und **Bibliotek** (2001), die im Lesesaal des Neubaus der Handelshochschule in Kopenhagen zu sehen sind, Reminiszenzen an eine Tradition der emotional grundierten Menschenschilderung, zu der die Malerin die Verbindung wieder sucht. In ihren Bildern entwickelt sich diese Anstrengung zu einer Restitution jetzt mit den Erfahrungen der Moderne, das heißt: mit dem Bewusstsein für die Autonomie der Farbe wie die Abstrakte Malerei sie behauptet hat. Für den Anfang des Malakts reklamiert Nina Sten-Knudsen die chaotische Situation spontaner Farbmischungen, einen Automatismus der Bewegungen des Pinsels auf der Leinwand, der erst in den folgenden Schritten allmählich der rational kontrollierten Entwicklung der Bildinhalte weicht. Sieht man im Museum in Kopenhagen, das seine Sammlungen allerdings mit kaum überbietbarer Ungeschicklichkeit präsentiert, *The Wheel of Life* (Das Lebensrad), ein Schlüsselbild für das Werk Asger Jorns, zweifellos des bedeutendsten dänischen Malers nach dem Zweiten Weltkrieg, Sten-Knudsen spricht von ihm mit Hochachtung – so erkennt man einen ähnlichen Ansatz, auch wenn Jorn im Ergebnis den Kontext der Abstraktion nicht verlässt.

Nina Sten-Knudsen, geboren 1957 in eine Familie von Künstlern, erweist sich in dem Gespräch, das ich in Kopenhagen für den Katalog der Ausstellung in den Kunstsammlungen Chemnitz mit ihr führen durfte und aufgezeichnet habe, als inständige, in jedem Moment konzentriert argumentierende, dabei zugleich sehr vorsichtige, behutsame Interpretin ihres

Werdegangs und ihres Werks: Die Freiheit, die sie selber sich als Malerin nimmt, möchte sie auch dem Betrachter ihrer Bilder nicht einengen. Es ist nicht zuletzt dieser, gegenüber dem Anspruch auf Aura und Hegemonie kritische Gedanke, der für sie einnimmt. – Unsere Unterhaltung bediente sich des Englischen, das ich für die nachfolgende Textfassung ins Deutsche übertragen habe.

PETER IDEN, März 2006

PETER IDEN: Vor einem Ihrer Bilder, als wir es gemeinsam ansahen, haben Sie eine Bemerkung gemacht, die mich beschäftigt: Sie hätten, sagten Sie da, ehe Sie mit dem Malen beginnen, keine Vorstellung davon, was am Ende das Ergebnis des Malakts sein könnte, also keinen Entwurf vor Ihrem inneren Auge, an dessen Verwirklichung Sie sich dann gleichsam heranarbeiten. Vielmehr gehen Sie aus von einer tatsächlich abstrakten, durch kein Konzept vorbestimmten, ‚freien‘ Situation. Das ist in der Theorie nachvollziehbar, praktisch scheint es aber ein Beginnen, das mit hohen Risiken behaftet ist, zumal wenn man die großen Flächen bedenkt, die Sie sich in Ihren Bildern vornehmen. Wie kann das gelingen ohne kompositorischen Plan?

NINA STEN-KNUDSEN: Tatsächlich gibt es bei mir keine Vorzeichnung, keine Skizzen. Die Leinwand ist am Boden ausgebreitet. Ich mische dann verschiedene Farben und versuche, mich allmählich heranzutasten an zumeist warme Farbklänge, die eher Stimmungen und Empfindungen entsprechen, als dass sie etwa schön präzise Farbwerte wären. Es ist wie bei einem Klavierspieler, der sich improvisierend einstimmt. Erst wenn meine Stimmungslage sich wieder findet in den Mischungen der Farben, ist alles bereit für das Bild. Ich gehe so vor, damit ich später, wenn der Prozess des Malens seine eigene Dynamik entwickelt, nicht zögern, mich nicht aufhalten muss mit Überlegungen zu bestimmten Eigenarten oder Wirkungen der Farben: Ich habe sie als Stimmungen angelegt und zum Gebot gemacht. Ich ziehe meine Schuhe aus, damit ich mich auch auf der Leinwand bewegen kann, höre laute Musik und kann mich nun ganz dem überlassen, was mir in den Sinn kommt. Ist der Malvorgang einmal initiiert, bilden sich Formen und Farbfelder wie selbstverständlich, sie erwachsen aus den Schichten des Unterbewussten.

PETER IDEN: Es ist eine Art von Automatismus, wie der Surrealismus ihn wollte …

NINA STEN-KNUDSEN: Durchaus. Es ist ein tiefes Vertrauen in mich selbst: Ich werde schon wissen, was ich will, das entstehen soll. Natürlich ist Präzision, die dennoch sein muss, dabei nur möglich, weil ich über eine Erfahrung von fünfundzwanzig Jahren mit bildnerischen Prozessen verfüge. Schon als ich vor 1980 nicht nur mit Farbe auf Leinwand, son-

dern auch mit anderen Mitteln, zum Beispiel solchen der Objekt- und Aktionskunst, gearbeitet habe, war das spontane Vorgehen im Prinzip das Gleiche. Darin waren mir die amerikanischen Abstrakten Expressionisten, also etwa Jackson Pollock, vorbildlich – es ist schon so, dass ich ihnen viel verdanke.

PETER IDEN: Zurück zu den Phasen der Genese eines Bildes, welches sind die nächsten Schritte?

NINA STEN-KNUDSEN: Ich lasse die Farben trocknen, fixiere die Leinwand aufrecht, und setze mich davor – viele, viele Tage lang. Ich sehe mir an, was in dem entstandenen Farbenchaos, wie in einem Körper, potenziell enthalten ist, welche Möglichkeiten sich darin anzeigen. Das Schlüsselwort für mich ist in diesem Zusammenhang der Begriff ‚Freiheit‘. Durch die Spontaneität, den Automatismus der ersten Schritte habe ich eine große Freiheit gewonnen. Ich entdecke jetzt in dem abstrakten Chaos die Chance für bestimmte Eingriffe, die zu konkreten Figuren, auch zu Konstellationen von Figuren und zu Bedeutungen führen können. Diese Methode meines Vorgehens ist für mich so produktiv, weil ich durch die ersten, spontanen Schritte eine Kenntnis darüber gewinne, was in mir selbst als ein mir nicht bewusstes Vorwissen gegeben ist.

PETER IDEN: Und die Wirkung, die im Betrachter erzeugt werden soll?

NINA STEN-KNUDSEN: Ich wünsche mir, dass sich im Betrachter der Bilder der gleiche Vorgang wiederholt. Angesichts einer bestimmten Figur in einem Bild, das wir uns gemeinsam angesehen haben, wollten Sie wissen, um wen es sich handelt. Beinahe hätte ich es Ihnen erklärt – aber ich will ja gerade nichts erklären, sondern dem Betrachter die Freiheit der Deutung einräumen, die ich, während ich arbeite, für mich in Anspruch nehme. Was ich an Zitaten einbringe, entnehme ich dem Schatz an kultureller Tradition, der uns gehört. Ich gehe darauf ein mit der gleichen Freiheit, die ich gegenüber den Farben für mich und den Betrachter beanspruche.

PETER IDEN: Noch einmal zu den Farben: Nach allem, was Sie ausgeführt haben, könnte man denken, Farben seien in Ihrer Malerei in erster Linie Träger, Vermittler von Stimmungen, dann auch von Bedeutungen. Ist nicht aber, wie Paul Cézanne das sah, Farbe in Wahrheit weniger ein Mittel, als das einzige Thema der Malerei?

NINA STEN-KNUDSEN: Ich kann das nicht trennen, Farben sind sowohl das Thema als auch das Mittel zur Entwicklung von Botschaften und Bedeutungen. Natürlich steht Cézanne, wie wir alle wissen, am Anfang der Tendenz zur Abstraktion, die schließlich zu der Monochromie in den Bildern eines Yves Klein geführt hat. Doch geht der Weg von dort aus nicht weiter. Und ich bin sehr überzeugt davon, dass es weitergehen muss, dass wir in dem historischen Moment, den wir jetzt leben, etwas Anderes wagen, neu ansetzen müssen: Wir brauchen andere künstlerische Formen, uns auszudrücken.

PETER IDEN: Für diese neuen Ausdrucksformen sehen Sie die Notwendigkeit, das Gegenständliche, Figürliche wiederzugewinnen, und zwar sehr direkt mit der Restitution der menschlichen Gestalt, die Sie nicht länger, wie es in der Geschichte der Abstrakten Malerei geschehen ist, aussparen möchten, der Sie die Präsenz, obwohl Ihre Bilder in Segmenten zugleich abstrakt bleiben, im Bild nicht länger verweigern wollen. Sie haben das, in einem früheren Gespräch, mit einigem Selbstbewusstsein aus der Überlegung begründet, es hätten zu Abschnitten unserer Geschichte Bilder gefehlt – und diese ‚fehlenden Bilder‘ müsse man malen. Sie meinen damit vor allem Bilder, in welche die Figur zurückkehrt?

NINA STEN-KNUDSEN: Es ist mir klar, dass ich mich mit einer solchen Begründung auf schwierigem Terrain bewege. Es gibt viele triftige Gründe dafür, dass das Bildnis des Menschen aus der europäischen Kunstgeschichte verschwunden ist. Es gibt aber nicht weniger gute Gründe für die Anstrengung, die menschliche Gestalt in die Malerei zurückzuholen: Nicht zuletzt geht es um die Begegnung mit uns selbst – Wer sind wir? Wer bin ich? Ein historisches Argument kommt hinzu. Die bedeutenden Menschendarstellungen der Renaissance waren fast immer Auftragskunst der Kirche oder der Höfe. Diese Abhängigkeit der Künstler endete mit der Französischen Revolution, in der Folge sehen wir in der Kunst des 19. Jahrhunderts eine Fülle von neuen Haltungen, Ausdrucksweisen und Positionen sich entwickeln, einen immensen Reichtum des Vokabulars nicht nur der Malerei, sondern auch der Musik, der Literatur, des Theaters. Dann aber wird die Freiheit, die Voraussetzung der neuen Formen war, allmählich wieder eingeengt, an die Stelle der Auftraggeber von einst treten nun politische und ästhetische Ideologien, die das 20. Jahrhundert bestimmen. Jetzt aber, in diesem geschichtlichen Augenblick, der markiert wird durch den Fall des Eisernen Vorhangs und den Einsturz der ideologischen Überbauten, haben wir die Möglichkeit, uns befreit zu erleben von vielen uns bis dahin bedrängenden Auflagen: Diese Freiheit von Vorhaltungen der Religion, der Politik, der Ideologie muss die Kunst sich zunutze machen.

PETER IDEN: Aber sind nicht inzwischen bereits wieder andere Einschränkungen zu beobachten, Einschränkungen durch den Markt, auch durch die Medien? Ersetzen demnach nicht neue Systeme der Limitierung die alten Abhängigkeiten, Mechanismen, die vielleicht subtiler sind, aber für den Künstler nicht weniger bedrohlich?

NINA STEN-KNUDSEN: Das stimmt schon, man sieht ja allenthalben in unseren Gesellschaften diese neuen Zwänge. Ich glaube aber dennoch, dass das nicht so sein muss, wenn wir uns nur der gewonnenen Freiheit tatsächlich vergewissern und jederzeit bewusst sind. Das ist eine, unsere Chance, von der ich unbedingt überzeugt bin. Darum lasse ich alles, was man in meinen Bildern wahrnimmt, aus einem anfänglichen Chaos entstehen, dieses Chaotische ist eine Zone der Freiheit, beschreibt eine Situation, die es mir erlaubt, mich frei zu entscheiden.

PETER IDEN: Eine Situation, die Ihnen auch die Entscheidung für Formen des Narrativen, der Erzählung gestattet. Man meint, in den Bildern auch auf verkürzte Geschichten zu stoßen, Dramen, die sich zwischen Figuren zugetragen haben könnten, nicht linear geschildert, eher geheimnisvoll, offen für Spekulationen, aber eben doch Geschichten. Auffällig daran ist auch ein Moment des Pathetischen. Sie riskieren mit solchem Pathos sehr viel, bewegen sich damit manchmal spannend längs einer gefährlichen Trennlinie zu etwas, das Sie sicher nicht wollen, einem emphatischen Gefühls-Überschwang, der im nächsten Schritt, den Sie nicht tun, in den Kitsch führen würde.

NINA STEN-KNUDSEN: Ich mache in dieser Hinsicht mit jedem Bild neue Erfahrungen. Die Malerei ist zunächst ein Vorgang, der zu tun hat mit Materialien, physisch greifbaren Mitteln wie den Farben und der Leinwand. Zugleich kann man damit aber hinausreichen über das bloß Materielle, kann Menschen ergreifen, Empfindungen provozieren wie die der Trauer, des Schmerzes, aber auch der Lust und des Glücks. Das ist das Einzigartige, ein Zauber an dieser Kunst, die im Übrigen Kunst erst wird, indem sie das nur Physische transzendiert. Wobei es mir darauf ankommt, im Betrachter Emotionen zu wecken, die er nicht mit mir, mit meinen Gefühlen, identifizieren soll – vielmehr soll das, was ein Bild auslöst, unabhängig von mir hervorgerufen werden. So unvermeidlich das Bild natürlich auch über mich als Person Auskunft gibt.

PETER IDEN: Von Ihnen gewollt ist also eine Objektivität der Emotion. Die Zitate, die Sie in manche Bilder einbringen, etwa Zitate aus der Kunst- und Architekturgeschichte, verstärken diese Absicht?

NINA STEN-KNUDSEN: Ja. Es kommt noch hinzu, dass Malerei nach meiner Vorstellung einen Begriff von Schönheit anschaulich machen sollte: Die Zitate sind auch ein Ausdruck der Bewunderung für Künstler, denen dieses Schöne in ihrem Werk gelungen ist. Die Fluxus-Bewegung, der ich zu Anfang meines Weges durch einen Lehrer an der Akademie nahe gekommen bin, propagierte die Bedeutung des Beliebigen, Banalen, Profanen als Botschaft der Kunst. Damit habe ich nichts, aber auch gar nichts zu tun. Wenn ich nun zum Beispiel in einem Gemälde Leonardo da Vinci zitiere, hilft das, diese Gegenposition zu betonen. Auch verstehe ich ein solches Zitat als Hinweis auf den Traditionszusammenhang, aus dem ich mich nicht herausnehmen möchte. Viele Strömungen in der Kunst des 20. Jahrhunderts haben, weil sie die religiösen, feudal-aristokratischen oder bürgerlichen Ideologien ablehnten, den Bruch mit der Vergangenheit der Kunst bewusst gewollt. Das hat uns viele Verluste gebracht: Wir haben unsere Städte zerstört, unsere sozialen Umfelder, die Art wie wir leben, unsere Fähigkeit zur Erinnerung und damit generell den Begriff des Humanums schwer beschädigt. Wenn ich sie schon nicht rückgängig machen kann, möchte ich mit meiner Arbeit die lange Geschichte dieser Verluste jedenfalls nicht fortsetzen. Das sehe ich als meine Verantwortung.

Peter Iden: Mitunter erscheint es auf den ersten Blick, als würden die Großformate nicht nur einem, sondern jeweils mindestens zwei Bildern Raum geben. So stark differieren Farbgebungen und Lichtstimmungen voneinander, dass man fast denken kann, statt in eine, gleich in mehrere Bildwelten hineingezogen zu werden. So ist etwa in **Landskabet, senere** (1998) ein wesentlicher Abschnitt der Fläche in ein tiefes Schwarz getaucht, während im Mittelgrund eine seltsam irreale, gelbliche Helligkeit vorherrscht. Bei genauerem Hinsehen lässt sich dann aber erkennen, dass diese Veränderungen des Farbklangs und der Beleuchtung den Bildern zu enormer räumlicher Tiefe verhelfen. Es ist eine Räumlichkeit, die auch auf zeitliche Distanzen anspielt. Ist Zeit, im Sinne Kants als Kategorie der Wahrnehmung, für Sie ein Motiv?

Nina Sten-Knudsen: Eher ist es die Idee der Unendlichkeit, auf die ich hinweisen möchte, das Infinite als Umschreibung der Sehnsucht, des Verlangens nach etwas, das weit, weit entfernt ist – und stumm macht, zum Schweigen bringt. Raum ist mir sehr wichtig. Ich möchte offene Räume schaffen, in ihrer Tiefe nicht erschlossen, und nicht zentralperspektivisch angelegt. Die Zentralperspektive limitiert den Blick auf einen Fluchtpunkt. Wir leben aber mit vielen Fluchtpunkten. In der Lebenspraxis gibt es selten nur einen Weg, sondern mehrere Möglichkeiten. Entsprechend verhalten wir uns in verschiedenen Situationen unterschiedlich, wir verändern uns ständig, niemand ist heute wie er gestern war. Die Prozesse der Globalisierung, der hohe Grad an Mobilität, die neuen Technologien – das sind alles Bedingungen, die eine früher in dem Maß nicht notwendig gewesene Anpassung erfordern, eine konditionierte Flexibilität des Blicks. Das hat wieder mit Freiheit zu tun. Ich glaube, dass Maler auch so etwas sind wie Kartografen, sie entwerfen Landkarten der veränderten Lebensräume, Hilfsmittel, sich darin besser zurechtzufinden. Jede Landkarte verkleinert. Was sie im kleineren Maßstab erfasst, ist immer ein Größeres, nur deswegen kann sie ja helfen, sich zu orientieren. Das gilt auch für meine Bilder.

Peter Iden: Die immerhin aber extrem großformatig sind …

Nina Sten-Knudsen: Dafür gibt es Gründe. Zwar konzediere ich nicht gerne, dass ich etwas unternehme als Reaktion auf das Tun anderer. Ich muss aber zugeben, dass, als ich mich erstmals für ein Großformat entschieden habe, diese Entscheidung auch eine Antwort sein sollte auf das Verschwinden der Malerei aus der öffentlichen Diskussion: Ich wollte nicht verstecken, dass ich mich als Malerin verstehe. Außerdem entspricht das große Format meiner Absicht, den Betrachter ganz und gar zu ergreifen, es geht dabei schließlich auch um etwas Physisches: den Betrachter mit dem Angebot von Weite möglichst vollständig zu besetzen. Das wird ihn zunächst vielleicht verwirren. Aber ich schlage ihm vor, sich auf diese Art von Besetzung einzulassen und einzutreten in das Chaos – bis er selber herausfindet, dass man sich daraus ein Leben machen kann. Wenn Sie so wollen, bezeugt das auch meine politische Haltung.

Missing Images
Nina Sten-Knudsen in conversation with Peter Iden

Preamble

The first work I ever saw by Nina Sten-Knudsen was in a large photograph of an even larger painting dated 2002 and entitled **Museum.** The photograph alone was captivating – I immediately thought that the original painting must be even more so – enticing the viewer to look very carefully, it contained a richness, well-nigh an abundance of details depicted in an expansive space with low vanishing points.

These details are, for the most part, myriad bottles, glasses, and jugs, in all shapes and sizes, some empty, others containing something coloured; they all occupy the painting's foreground. In the background, almost like gushing water, white light floods into this space through a shaft-like opening. Another opening draws our gaze in the opposite direction into a narrow street that could be leading into a ruined landscape. It is not easy to find a pendant for the predominant mood of this painting in the history of painting; Giovanni Battista Piranesi's *Carceri* is perhaps the closest association. Like the engravings of the 18th century Venetian, the impression created is one of decline and desolation, these, however, include their counter-images of expanse and freedom.

In any case, after the experience of the photograph of **Museum,** it became imperative for me to experience the work of this Danish artist in the original. Complying with my wish presented her with certain difficulties; all her work since 1998 is in such a large format that she first had to find somewhere in Copenhagen large enough to act as a provisional exhibtion space. By March of this year she had been successful. We drove to the warehouse of a former factory on the periphery of the city. On the upper floor of the building, the artist had found space to set up some of her paintings. On the ground floor, a rock group was rehearsing at a deafening volume.

Balkon, painted in 2005, was the most recent work she displayed. Inspired by a motif of Edouard Manet, it is an urban night-scene in a black base tone. What is striking is the simultaneity of the changing perspectives and the great variety of the scenes taking place. Every last corner of the large canvas is populated with objects and figures, at times in miniature groupings, and also with metaphorical signs. The viewer perceives a group of people on a slightly raised terrace, they are observing an urban environment partially lit by neon signs; another section of the painting shows a detachment of marching soldiers. The external world is contrasted with internal spaces, such as a room with a bed. The cited past, the antique vases hovering at the lower edge of the painting, for example, reach-

es into the present, the present is imbued with the past. The mood is one of instability and threat. In this pictorial world, the only support available is the fact that there is no support.

Just Give Me My Equality (2004–2005) also contains human figures, who are moving through a landscape that seems to be lit up by fire; their movements are puzzling, figures asserting themselves against this absence of place or direction. In **Opera,** the figures exhibit gestures of mourning, and again, they appear in a boundless space. This reclamation of the figure, for which purpose Sten-Knudsen at times makes recognisable use of citations of earlier cultural 'greats' (Rembrandt van Rijn, Johannes Vermeer van Delft, the poet Giacomo Leopardi, Wolfgang Amadeus Mozart), also involves a daring pathos that can be found, with different characteristics, in contemporary painting in the work of Anselm Kiefer and Markus Lüpertz.

The two paintings **Landskabet, senere** (1998) and **Bibliotek** (2001), on display in the reading-room of the new premises of the business school in Copenhagen, also recall a tradition of an emotionally-based representation of humanity that is being rediscovered by Sten-Knudsen. In her paintings, this attempt at restitution takes the experiences of modernity – the awareness of the autonomy of colour, as asserted by abstract painting – into account . Sten-Knudsen reclaims the chaos of a spontaneous mixing of colour as her point of departure for the act of painting, using an automatism in the movements of her brush on the canvas that yields to the rationally controlled development of the painting's content only in gradual stages. In the museum in Copenhagen – which unfortunately presents its collection with a quite unparalleled ineptitude –*The Wheel of Life* is exhibited. It is a key painting in the oeuvre of Asger Jorn, who is undoubtedly the most important post-war Danish painter. Sten-Knudsen speaks of him with great admiration; Jorn has a similar approach, even though, ultimately, he remains true to the context of abstraction.

During our conversation in Copenhagen, which I recorded for use in the exhibition catalogue for the Kunstsammlungen Chemnitz, Nina Sten-Knudsen, born into a family of artists in 1957, was an earnest interpreter of her life and work. She was concentrated in her arguments, but, at the same time, was very cautious: the freedom that she allows herself in her painting is one she would not like to refuse any viewer of her works. It is not least this approach, critical of any aspiration to aura and hegemony, that does her great credit.

PETER IDEN, March 2006

Peter Iden: When we looked at one of your paintings together, you made a remark that has preoccupied me since. You said that before you started to paint, you had no idea what the result of the painterly act would be, that is, you had no image in your mind's eye of what you were about to create. Instead, you start from an abstract, 'free' situation that is not predetermined by any concept. This seems understandable in theory, but in practice it involves great risks, especially given the large format of your paintings. How is it possible to proceed without a compositional plan?

Nina Sten-Knudsen: I don't, in fact, make any preliminary drawings or sketches. The canvas is spread out on the floor. Then I mix different colours and gradually work my way towards largely warm tones that correspond more to moods and feelings than to the fact that they are precise colour values. It is like a piano player who gets in the mood by improvising; only when I find my mood in the colour mixtures can I begin to paint. I work this way so that later, when the painting process develops its own dynamism, I avoid hesitation, any stopping in order to consider particular features or the impact of the colours: I have applied them to the canvas as moods, and now they are at my disposal. I take off my shoes so I can move around the canvas without damaging it; I listen to loud music, and can thus abandon myself completely to what comes into my mind. Once the painting process has begun, shapes and colour fields form almost by themselves, emerging from the layers of the unconscious.

Peter Iden: The same kind of automatism the Surrealists were looking for …

Nina Sten-Knudsen: Absolutely. It is also a profound confidence in myself. I know what I want to see emerging. Precision is of course a must, and it is only possible because I have 25 years of experience with painterly processes. Prior to 1980, when I not only worked with paint on canvas, but also with other materials such as those of object and action art, my spontaneous approach was basically the same. My models in that case were the American Abstract Expressionists, for example, Jackson Pollock, and I certainly owe them a lot.

Peter Iden: To return to the different phases in the genesis of a painting, what are the next steps?

Nina Sten-Knudsen: I allow the colours to dry, set the canvas upright and sit down in front of it for days, many days. I look at what the resulting colour chaos has in the line of potential; like a body, I see which possibilities have become evident in it. The key word for me in this connection is 'freedom'. I have gained considerable freedom through this spontaneity, the automatism of the first step. Now, within the abstract chaos, I discover the potential for certain interventions that can lead to concrete figures or groupings of figures, and to meanings. I find this working method so productive because it is through these first spontaneous steps that I realise how much nonconscious previous knowledge I actually have.

Peter Iden: What about the impact that is to be produced in the viewer?

Nina Sten-Knudsen: What I hope is that the same process is repeated in the viewer of the paintings. In the case of one particular figure in a painting that we looked at together, you wanted to know who it was. And I almost explained it to you, but that is not what I want to do. I want to leave the viewer the freedom to interpret, a freedom that I myself make use of while I am working. The citations I include in my work are taken from the treasure trove of our cultural traditions. I treat this with the same freedom that I demand for myself and for the viewer with regard to the colours.

Peter Iden: Let's talk about the colours again: from what you have said, we could think that colours were primarily carriers in your paintings, the mediators of moods and so also of meanings. But, as Paul Cézanne was aware, is colour not the very theme of painting, and not so much the means?

Nina Sten-Knudsen: I cannot separate the two. Colours are both the theme and the means for conveying messages and meanings. As we all know, Cézanne initiated the move towards abstraction that ultimately led to Yves Klein's monochrome paintings. But from there, things goes no further. And I am quite convinced that they must go further, that at the point of time in history where we find ourselves, we have to try something else, to start somewhere anew: we need other artistic forms to express ourselves.

Peter Iden: And in the interest of these new expressive forms, you feel the need to reclaim the objective, the figurative, and to do so directly, by restoring the human form, which you no longer wish to exclude, in the way that it was excluded in the history of abstract painting. You no longer wish to deny the human form a presence in your paintings, even though segments of your paintings are also abstract. In an earlier conversation you explained this self-confidently by claiming that images are missing for parts of our history, and that these 'missing images' had yet to be painted. By this do you mean paintings in which the figure reappears?

Nina Sten-Knudsen: I realise that I am on shaky terrain when I use such an explanation. There are many good reasons why the human portrait disappeared from the history of European art. But there are just as many good reasons for making the effort to bring the human form back into painting, and this has to do, not least, with the encounter with ourselves: Who are we? Who am I? What is more, there is a historical argument: the important portrayals of people in the Renaissance were almost always in art commissioned by the church or the royal courts. This dependency of the artist ended with the French Revolution, as a result of which 19th-century art reveals a wealth of new approaches, expressions, positions, and an enormously rich vocabulary, not only in painting, but also in music, literature, and theatre. Then, however, the freedom that was the prerequisite for these new forms was gradually restricted, and the former commissioners were replaced by the political and aesthetic ideologies that determined the 20th century. Now, at this moment in history, after the fall of the Iron Curtain and the demise of ideological superstructures, we have the possibility of feeling liberated from many of the conditions that had oppressed us up till now: art must make use of this liberation from the constraints of religion, politics and ideology.

Peter Iden: But are new restrictions not already in place, imposed by the market and by the media? Do these new limitations not replace the old dependencies? These mechanisms, which may well be more subtle, are they not just as threatening for the artist?

Nina Sten-Knudsen: That is true, these new constraints are visible everywhere in our societies. Yet I believe that this need not necessarily be the case, if only we could secure this newly won freedom and remain constantly aware of it. I am absolutely convinced that this is an opportunity, our opportunity. That is why I let everything that can be perceived in my paintings emerge from an initial chaos. This chaos is a zone of freedom, it describes a situation that allows me to decide freely.

Peter Iden: It is a situation that also permits you to select narrative forms; your paintings seem to contain shortened stories, dramas that could be taking place between the figures. These are not depicted in a linear manner, they are more mysterious, open to speculation, but they remain stories. There are striking moments of pathos too. You are running a great risk when you use such pathos, sometimes edging along a dangerous dividing-line towards something that you surely do not intend: an emphatically emotional exuberance, which at the next step, which you do not take, could turn into kitsch.

Nina Sten-Knudsen: In this respect, I experience something new with each painting. Initially, painting is a process that has to do with materials, physically tangible materials like paint and canvas. At the same time, through painting you can go beyond the mere material, you can move people, and awaken feelings such as mourning and sorrow, but also delight and happiness. That is what is unique, magical about this art, which by the way, only becomes art by transcending the physical. I strive to awaken emotions in the viewer that he or she should not identify with me, with my feelings. Instead, what a painting evokes should be independent of me, however inevitably it also provides information about me as a person.

Peter Iden: So what you aim for is an objective emotion. Is this intention strengthened by the citations, for example, from the history of art and architecture that you integrate into some of your paintings?

Nina Sten-Knudsen: Yes. What is more, painting should, in my view, render visible a concept of beauty. The citations are also an expression of my admiration for artists who have succeeded in expressing this beauty in their works. The Fluxus movement, which I came into contact with through a teacher at the Academy, propagated the significance of the arbitrary, the banal, and the profane, as the message of art. I have nothing, absolutely nothing to do with that. When I cite Leonardo da Vinci in a painting, for example, it is to underscore this counterposition. I also understand such a citation as pointing towards a tradition that I would not like to exclude myself from. Many trends in 20th century art deliberately wanted to break with the past because they rejected religious, feudal-aristocratic or bourgeois ideologies. This has led to great losses: we have destroyed our cities, our social environment, our way of life, our capacity to remember, and with this, we have generally damaged the concept of the human. Although I cannot make up for all that through my work, I would at least like to avoid continuing the long history of these losses. I see that as my responsibility.

Peter Iden: Sometimes, it seems at first glance that the large formats provide enough space not just for one, but for at least two paintings. The coloration and lighting differ so greatly that one might also think you were being drawn into not one, but several pictorial worlds. For example, a considerable portion of the canvas in **Landskabet, senere** (1998) is bathed in deep black, while the mid-ground is dominated by a strangely unreal yellowish brightness. On closer inspection, however, you realise that these changes in coloration and lighting give the paintings great spatial depth. This spatiality also alludes to temporal distances. Is time, in Kant's sense of a category of perception, one of your motifs?

Nina Sten-Knudsen: I would prefer to draw attention to the idea of infinity, infinity as a circumscription of this longing, the desire for something that is very far away, something that renders us speechless, that silences us. Space is very important for me. I would like to create open spaces whose depth is not disclosed and that are not presented from a central perspective. A central perspective limits the gaze to one vanishing point, whereas we live with many vanishing points. In life there is rarely just one, but usually several possibilities. Consequently, we behave differently in different situations; we change constantly. No one is the same person today as he or she was yesterday. The processes of globalisation, the high degree of mobility, the new technologies – these are all conditions that demand a degree of adaptability that was unknown before, a conditioned flexibility of the gaze. Again, this has to do with freedom. I believe that artists are also a bit like cartographers. They draw up maps of a changed 'living space', to help us better find our way there. Each map reduces. What is grasped in this smaller scale is always something greater, for this reason alone they can help us to orientate ourselves. The same applies to my paintings.

Peter Iden: Which are, however, always extremely large …
    Nina Sten-Knudsen: There are reasons for this. I do not like to concede that I am doing something in reaction to what someone else has done, but I must admit that when I first decided on large formats, the decision was also in response to the disappearance of painting from the public debate. I did not want to conceal the fact that I regard myself as a painter. What is more, the large format is consistent with my intention to completely captivate the viewer. This is, after all, also something physical: to monopolise viewers as much as possible by presenting vastness. Which may confuse them at first, but I suggest that they give themselves up to this kind of monopolisation and enter into the chaos: until they discover that they can make a life out of it. This also testifies to my political conviction, if you will.

Katalog | Catalogue

Landskabet, senere 1998

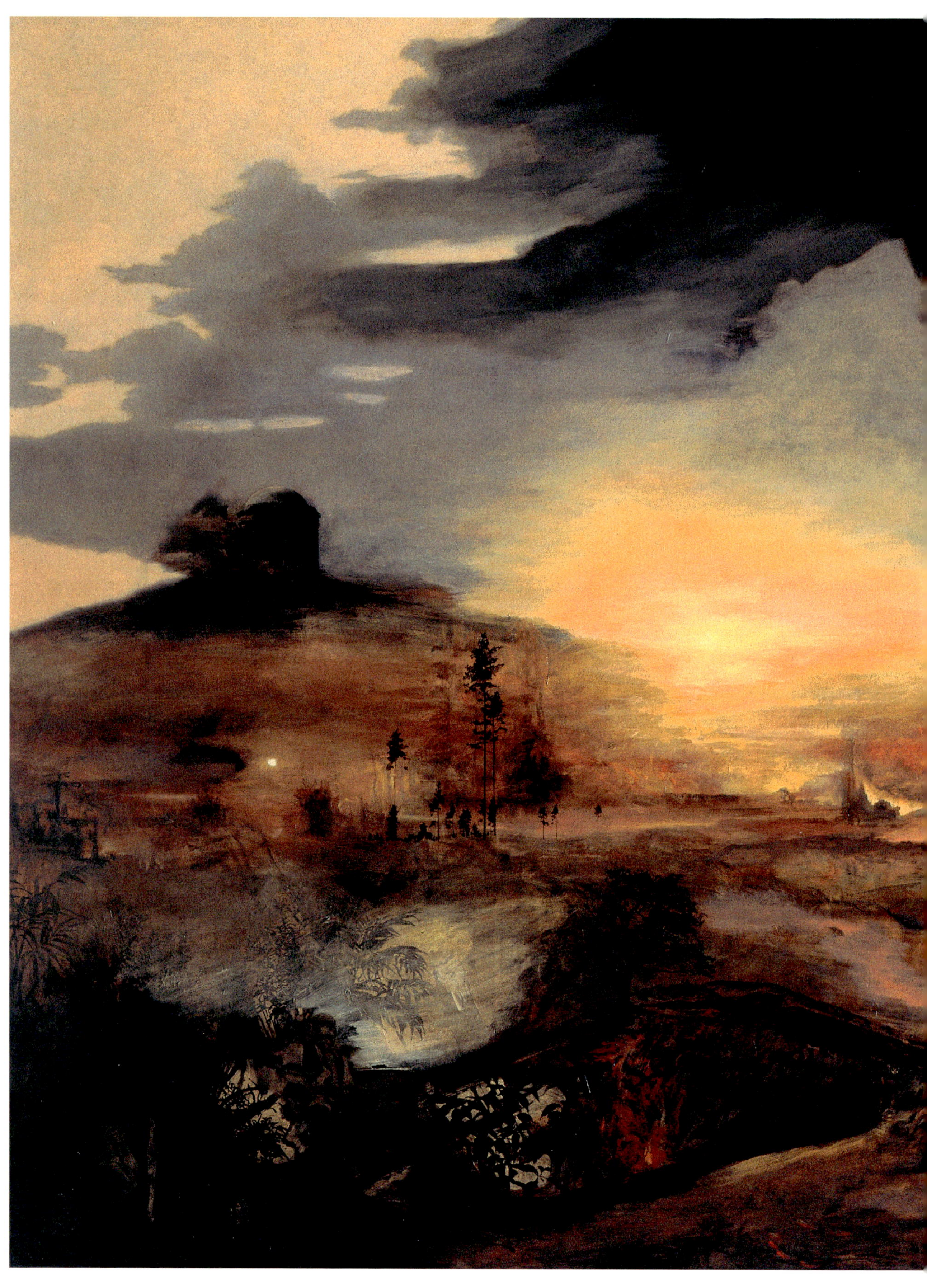

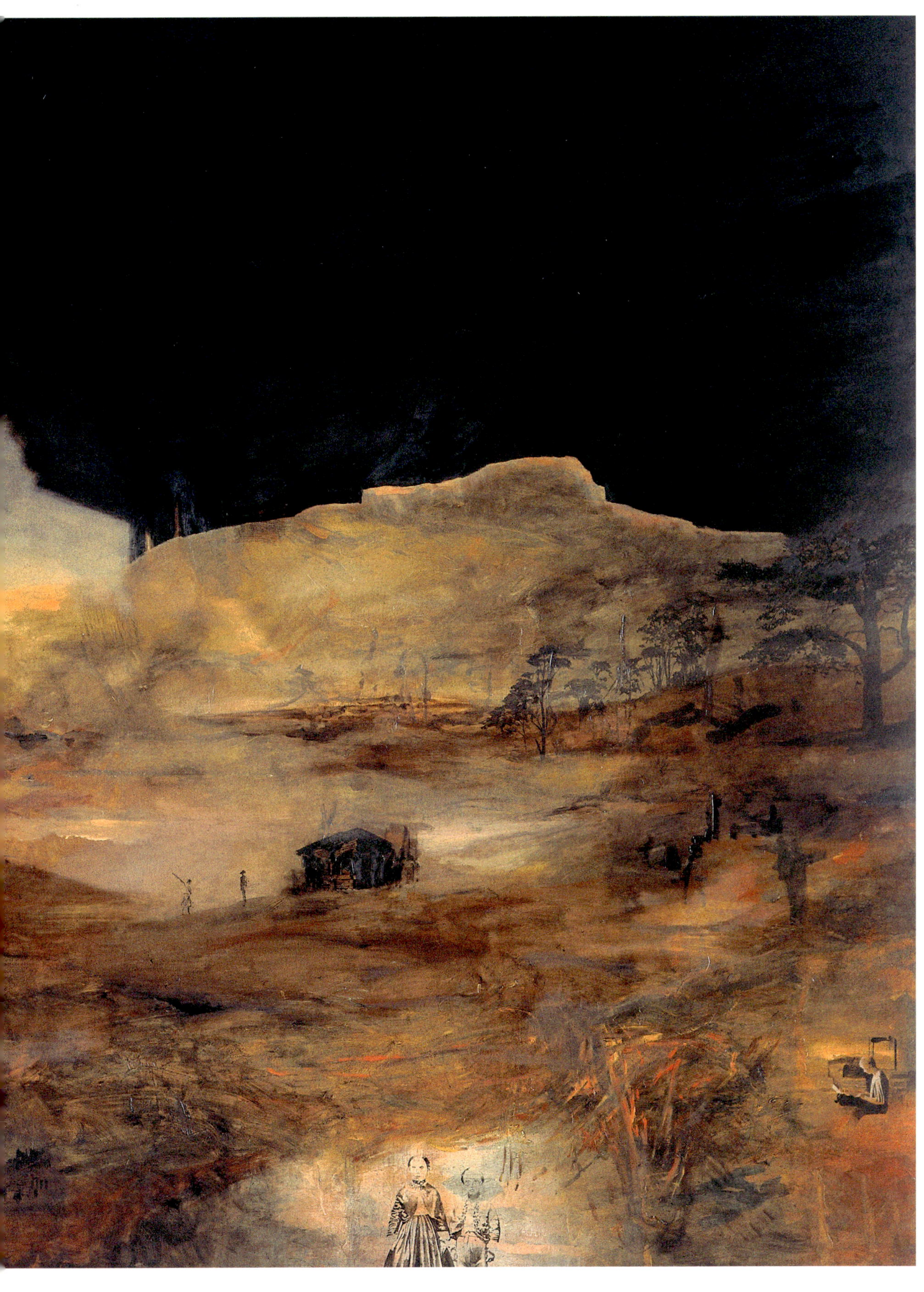

Die Landschaft, später

Hier ist eine riesige und auf den ersten Blick menschenleere Berglandschaft mit spärlicher Vegetation zu sehen. Mit seinen braunen und ockerfarbenen Nuancen und der ungleichartigen, anscheinend unsystematischen Perspektive erinnert das Motiv an eine hellenistische oder römische Wandmalerei. Die Landschaft ist nicht als Ganzheit dargestellt, sondern setzt sich aus einzelnen Räumen zusammen, deren Elemente offenbar keine eigentlich räumliche Verbindung miteinander haben und auch keine übergeordnete Perspektive besitzen.

Mit der Landschaftsmalerei bewegt sich Nina Sten-Knudsen in einem von Traditionen beschwerten Raum voller Klischees und entsprechend ist auch dieses Gemälde genau wie **Bibliotek** und **Museum** mit kunsthistorischen Hinweisen gespickt. Das goldene Abendlicht und die kahlen Berge lassen an das Arkadien denken, das Landschaftsmalerei und Dichtung von der Renaissance bis ins 17. Jahrhundert immer wieder thematisierten. Zu nennen wären hier so verschiedene Maler wie Giorgione und Nicolas Poussin. Das römische Observatorium bestärkt das Gefühl, es handele sich um eine ferne, antike Vergangenheit, erinnert aber auch an Claude Lorraines friedvolle Wiedergaben der Campagna Romana. Das leuchtende Flammenmeer der untergehenden Sonne gemahnt hingegen an William Turners rätselhaften romantischen Nebeldunst. Keine Periode wird stillschweigend übergangen auf diesem gigantischen Gemälde, das seine ganze Vorgeschichte in einem komplexen, vielschichtigen Raum zusammenzufassen scheint.

Erst nach längerer Betrachtung des Gemäldes wird deutlich, dass die barsche, gleichzeitig aber friedvolle Landschaft von kleinen Figuren bevölkert ist, die wiederum über die ganze Leinwand verteilt sind: ein Gitarrenspieler, zwei Figuren, die aussehen, als stammten sie aus einer alten Fotografie, und ein Junge, der auf einer Schreibmaschine schreibt. Diese kleinen, in das Gemälde eingelegten Erinnerungsbilder bezeugen die Zeit, die vergangen ist, seitdem die Landschaft neu und unerforscht war und zum ersten Mal von den beiden Pionieren an der Hütte betreten wurde. Die Landschaft ist genauso historisch wie die Bibliothek und das Museum, und für jede Bewegung, die in dem malerischen Raum geschieht, taucht die Vergangenheit wie in einer archäologischen Ausgrabung auf. Dies ist mehr als eine zufällige Collage aus Bruchstücken einer bildreichen Kultur, in der schon alles ausprobiert und gesehen wurde: Der fragmentierte Raum wird in dem durch das Bild wandernden Blick des Betrachters, der der Pionier des Gemäldes ist, zusammengefügt, und das Vergangene wird durch seine Aufmerksamkeit wieder zum Leben erweckt.

The Landscape, later

Here we see a massive mountain landscape with sparse vegetation, at first glance free of people. The brown and ochre nuances and the uneven, seemingly unsystematic perspective seem to echo the Greek or Roman mural. The landscape is not a coherent whole, but a conglomeration of local spaces in which the individual elements seem to have no actual spatial connection to each other or the overall perspective.

Sten-Knudsen has entered the landscape genre, a cliché-filled space burdened by tradition, and this painting is just as studded with historical art references as **Bibliotek** and **Museum**. The golden evening light and the bare mountains awaken memories of Arcadia, which was closely linked with landscape painting and poetry of the Renaissance for painters as diverse as Giorgione and Nicolas Poussin up until the 17th century. The Roman observatory both strengthens the impression that this is a distant, ancient past, and also reminds us of Claude Lorraine's peaceful renderings of the Roman Campagna. The bright sea of flame from the sinking sun, on the other hand, is reminiscent of William Turner's mysterious, romantic haze. No period is passed over in silence in this gigantic painting, which seems to summarise its whole history in a complex, layered space.

Only after prolonged observation do you notice that this bare, yet peaceful *landscape* is peopled by small figures dispersed around the canvas – a guitar player, two figures that appear to have stepped out of an old photograph, and a boy at work on a typewriter. Like small, inlaid memory cards, they bear witness to a past when the landscape was new and unexplored, perhaps discovered for the first time by the two pioneers near the hut.

The landscape contains as much history as the library and the museum, and with our every movement in this artistic space, the past appears as if in an archaeological excavation. This is no mere incidental collage of fragments from a rich pictorial culture where everything has been tested and tried before. The fragmented space is put together by the viewer – the pioneer of the painting – whose movements, attention and memories bring the past back to life.

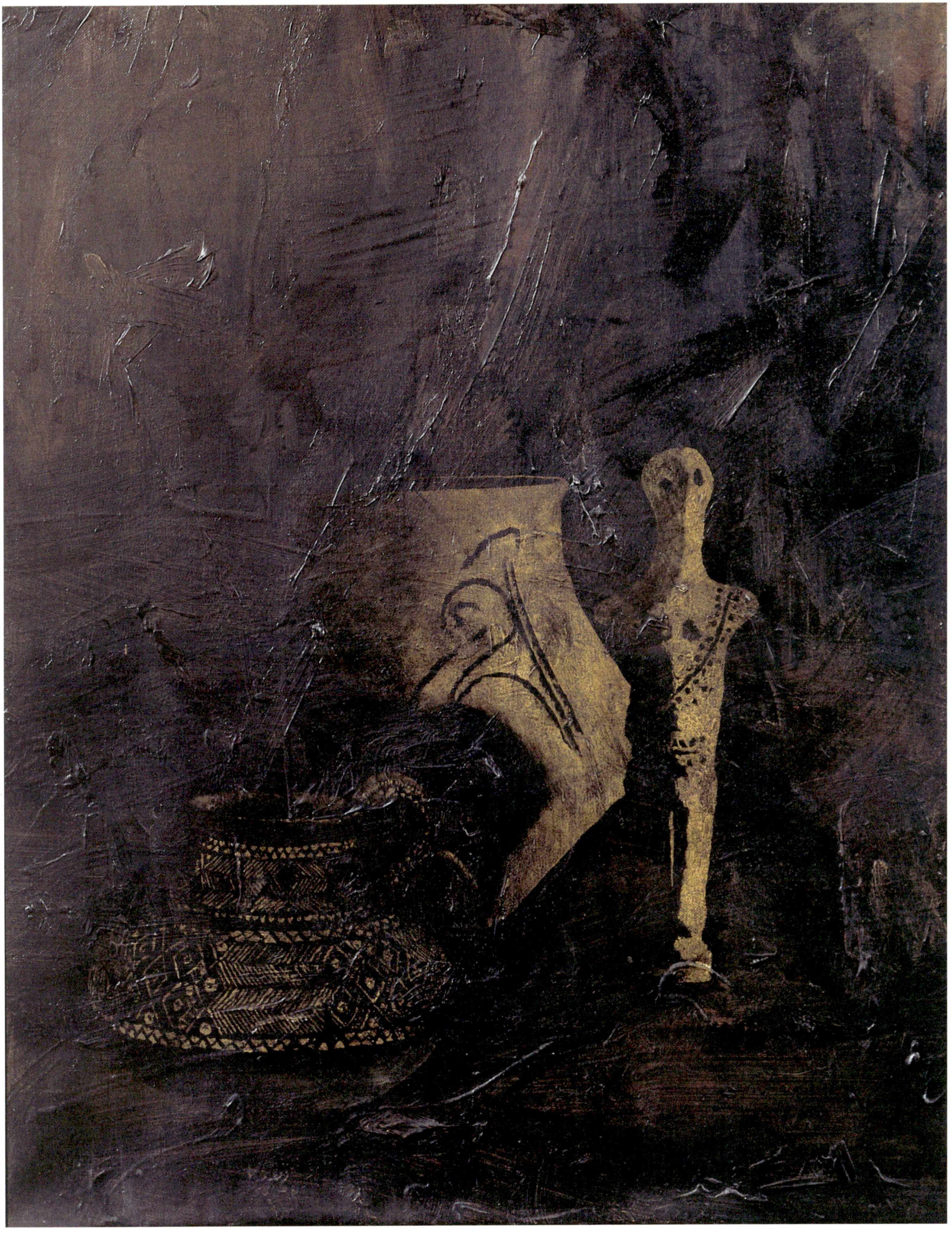

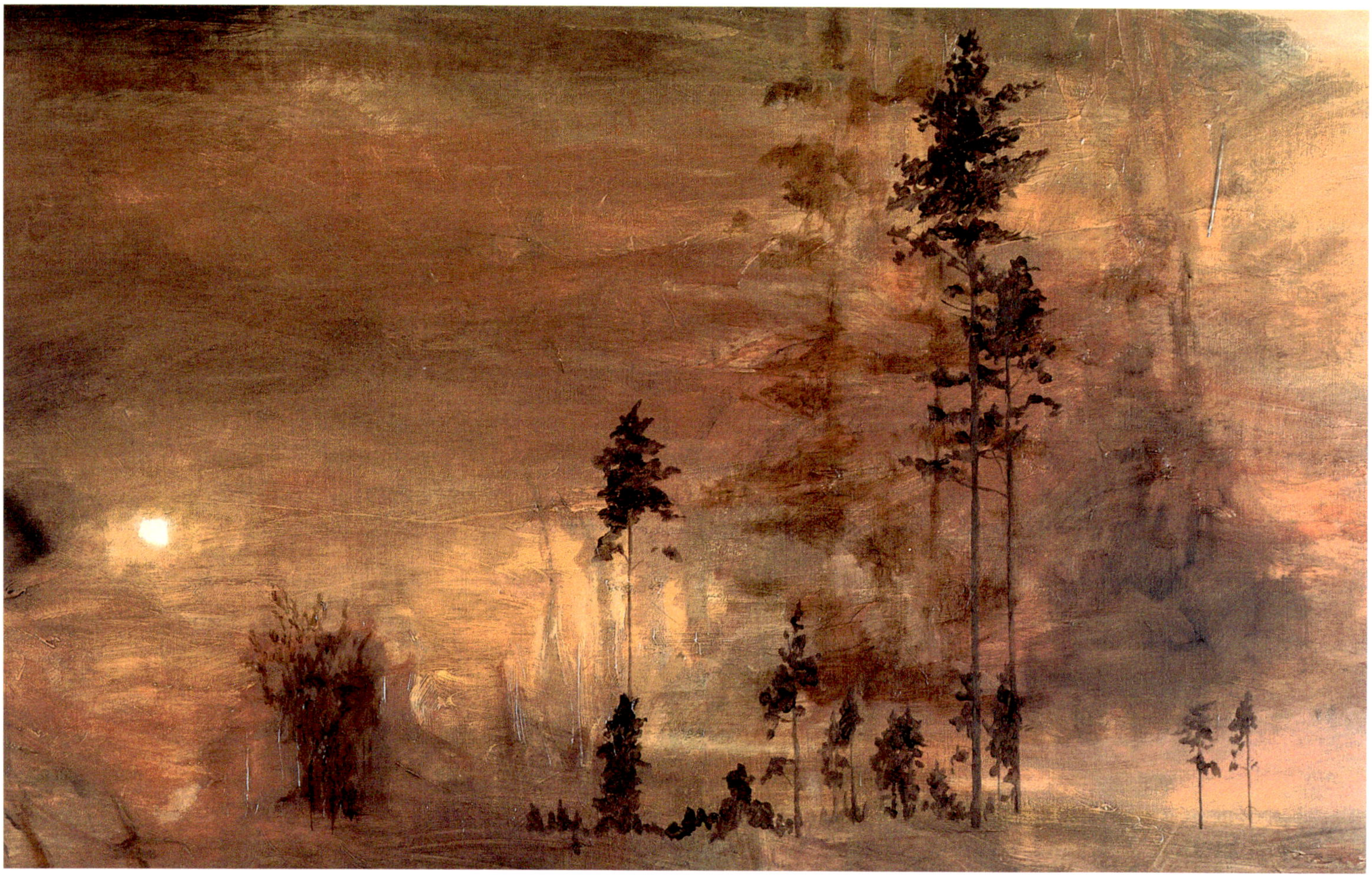

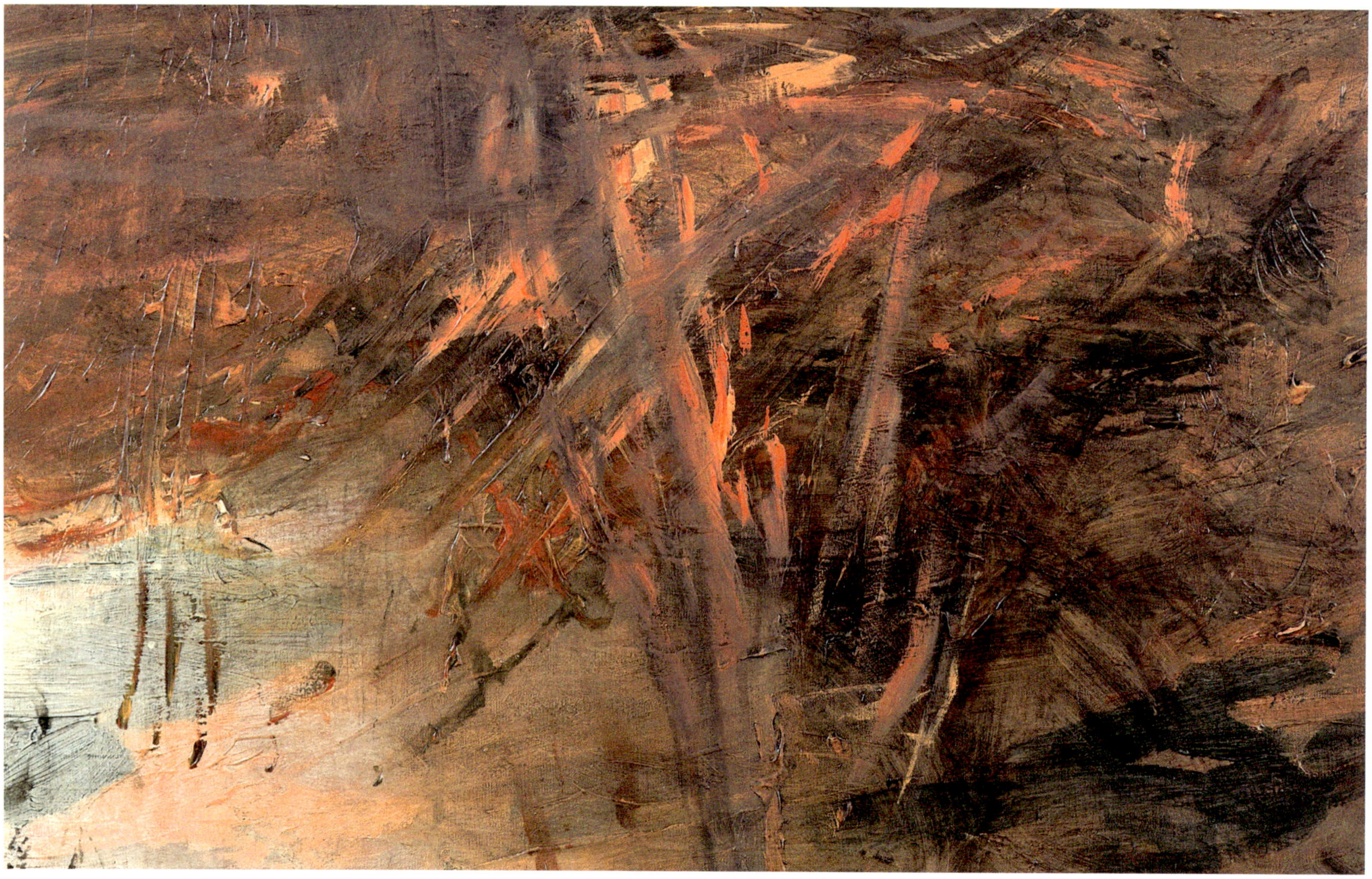

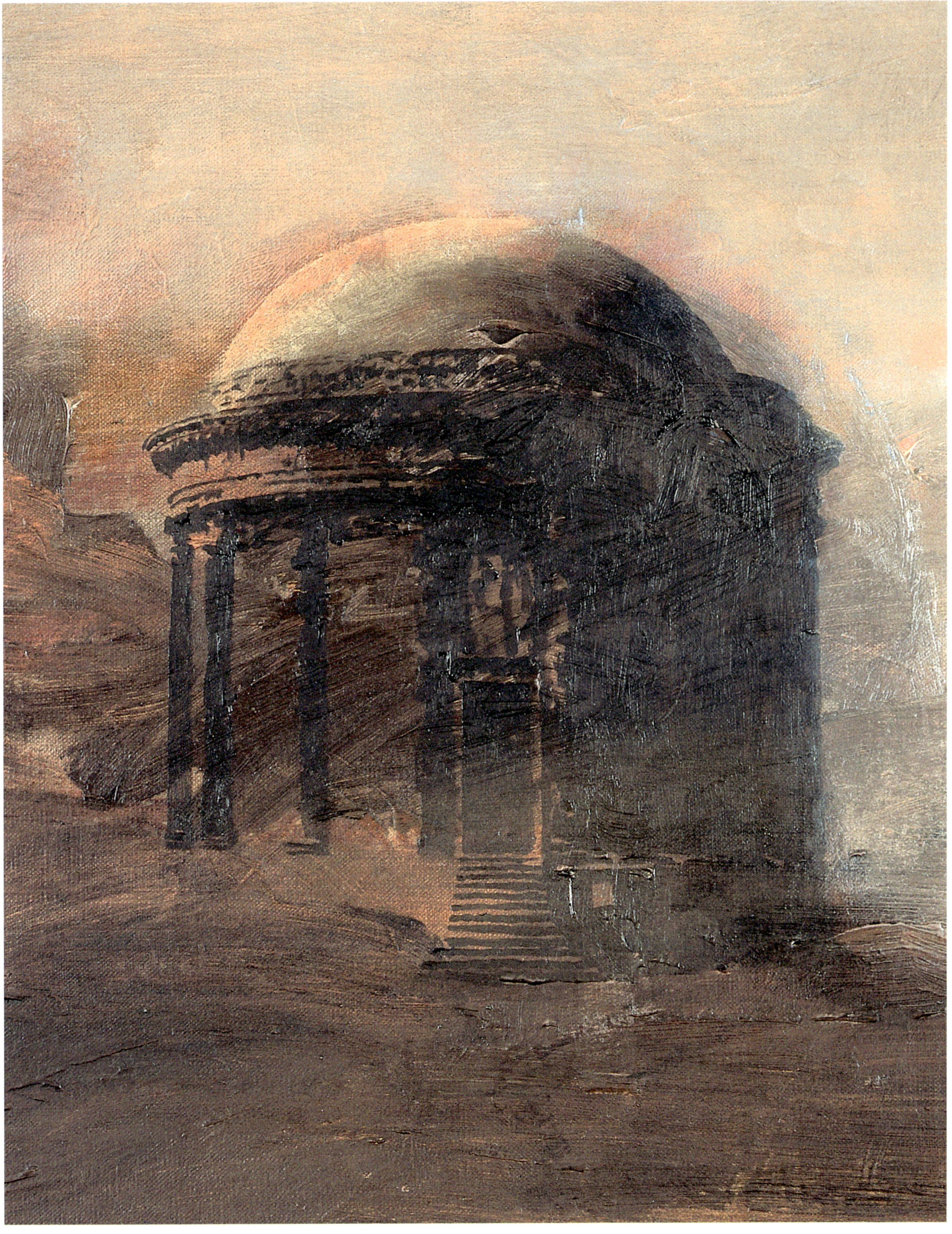

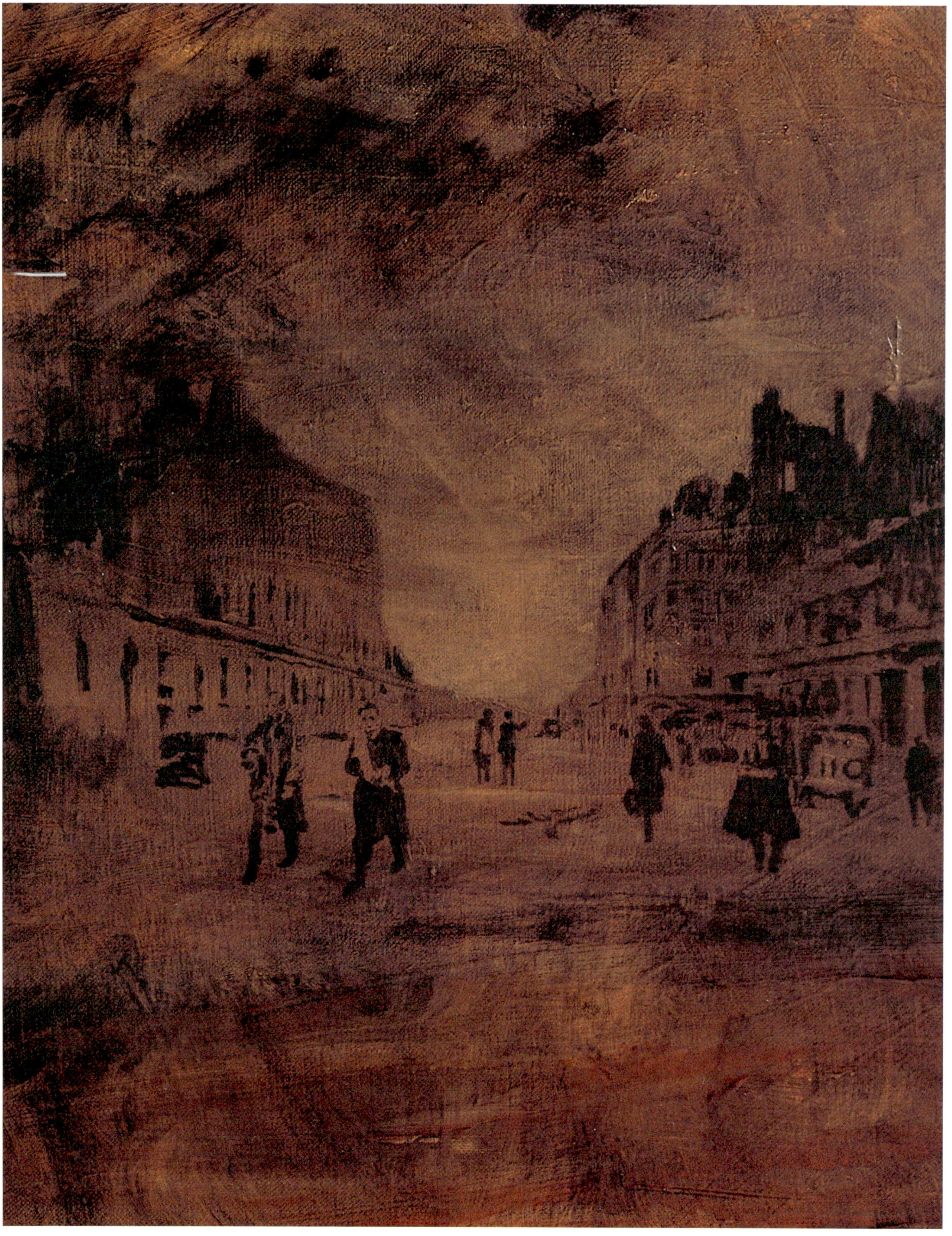

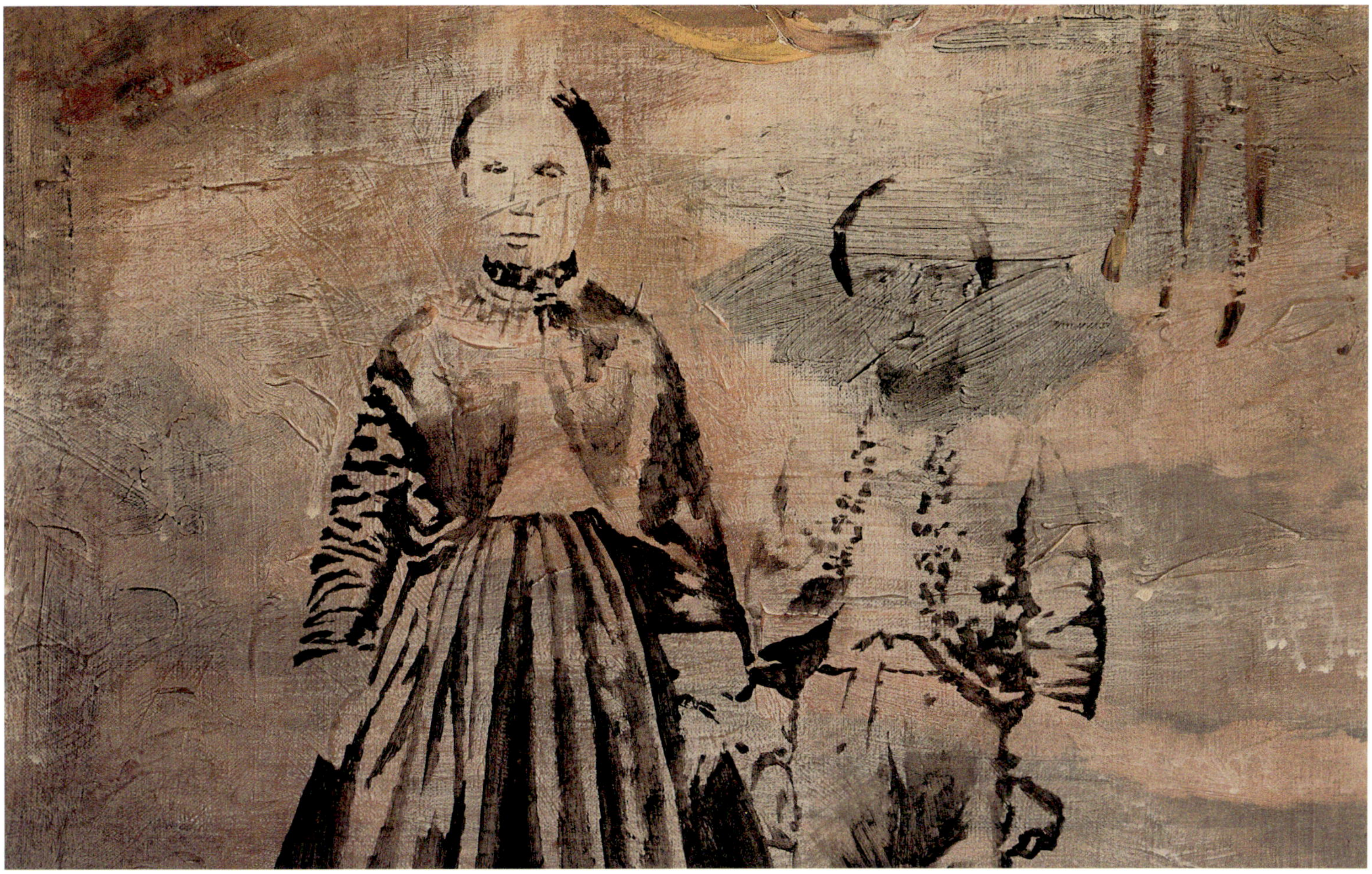

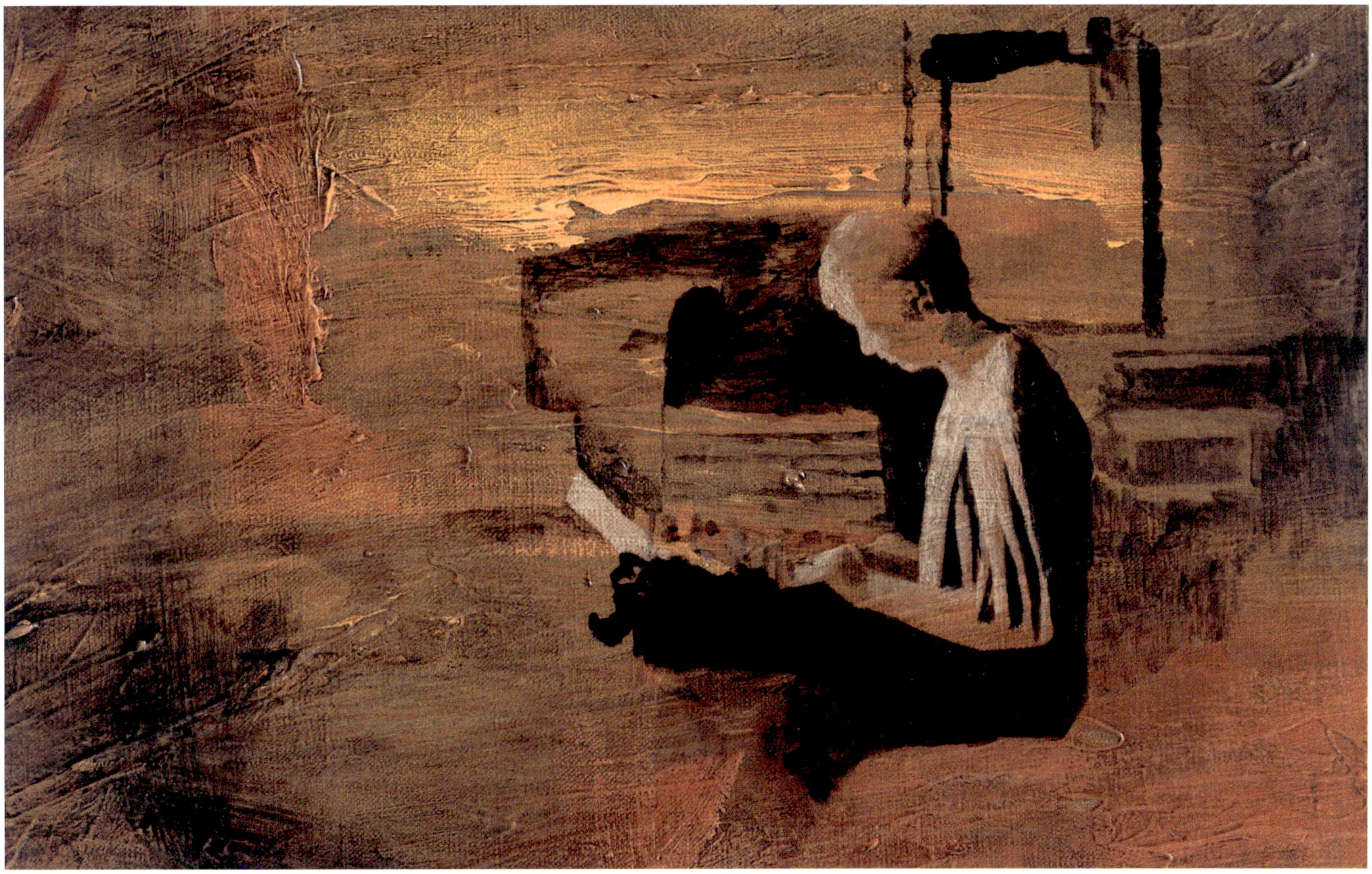

Bibliotek 2001

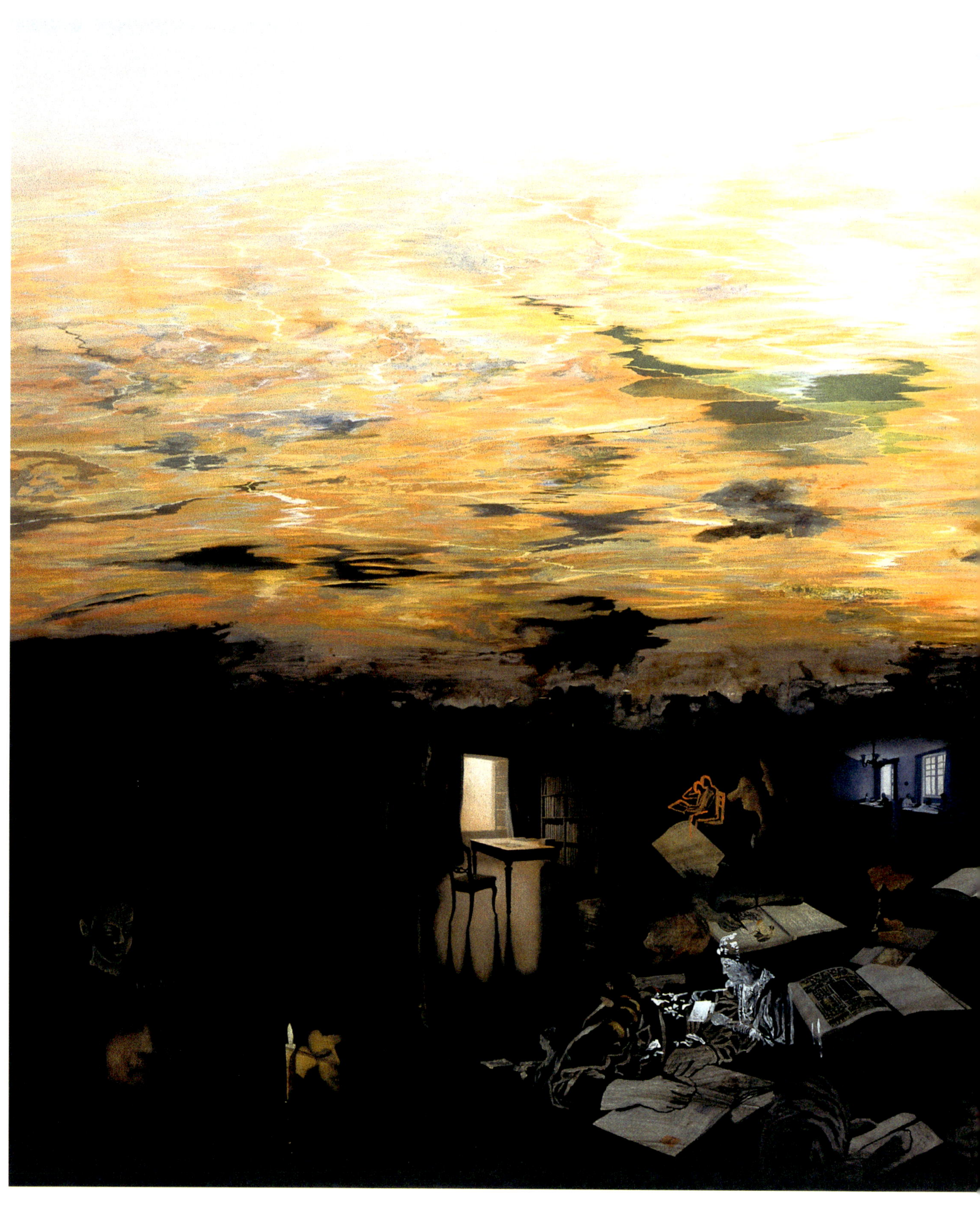

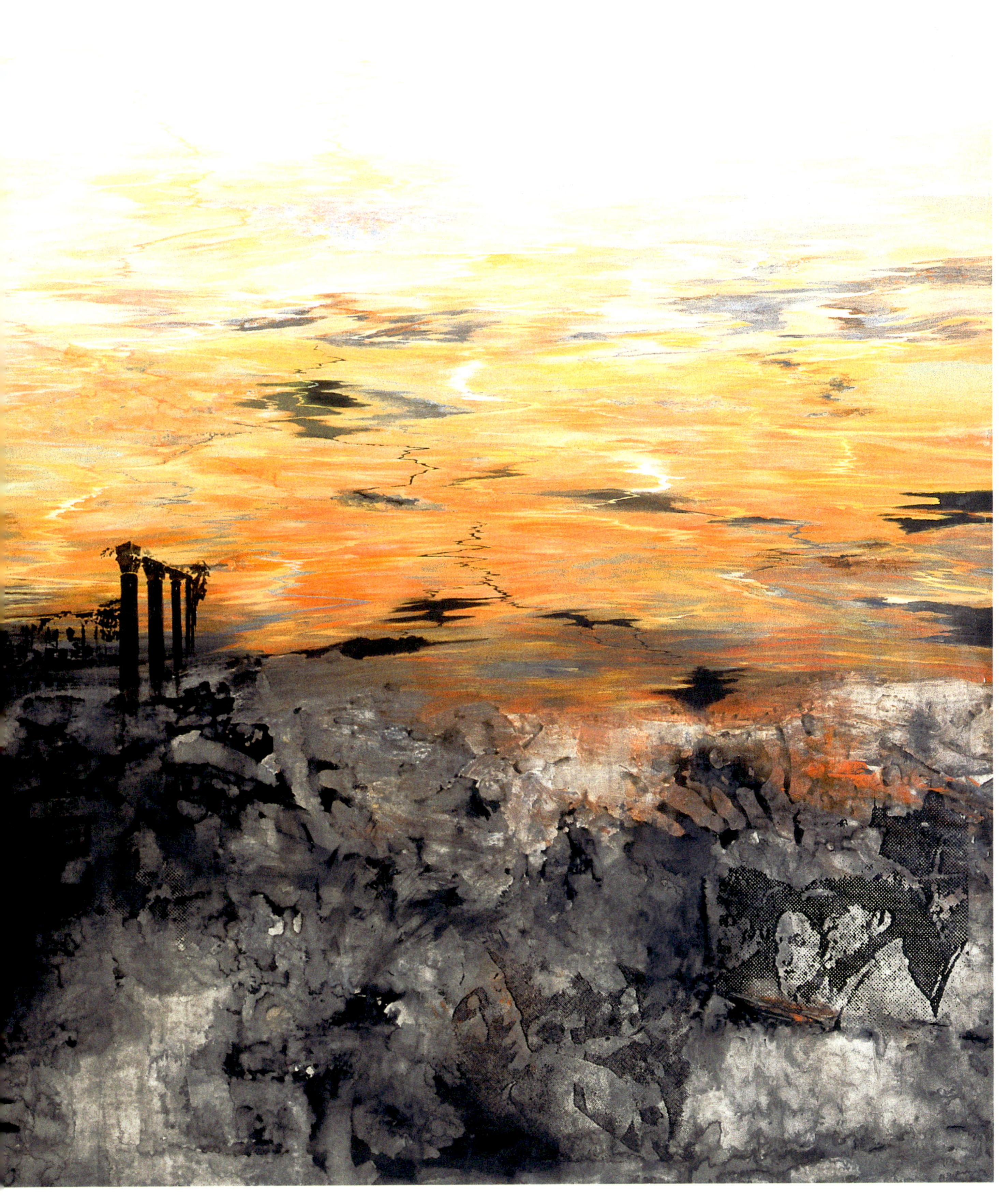

„Nach alledem scheint es, daß die beiden Räume – der Raum der Innerlichkeit und der Raum der Welt – durch ihre ‚Unermeßlichkeit' zum Einklang gebracht werden. Wenn sich die große Einsamkeit des Menschen vertieft, berühren sich, vermischen sich die beiden Unermeßlichkeiten."[1]

Das Gemälde ist in zwei Zonen aufgeteilt, eine dunkle und eine helle. Zuoberst ist ein leuchtender, orangeroter Abendhimmel zu sehen. Es könnten auch Flüsse sein, die sich als dunkle Spalten in einer goldenen Landschaft abzeichnen. Unten treten nach und nach kleine Gestalten aus dem Dunkel hervor wie auf den Chiaroscuro-Malereien des Barock. Die Motive überlappen sich wie auf einer Collage, das Dunkel schmiegt sich um die Figuren und lässt die Verbindungslinien verschwimmen. Die Personen haben aufgeschlagene Bücher vor sich liegen und sind anscheinend in ihre Lektüre vertieft, genauso wie man es sich in den stillen, staubigen Räumen einer Bibliothek vorstellt.

Der Detailreichtum des Gemäldes ist grenzenlos, und der aufmerksame Betrachter wird in die Welt der Lesenden eingeweiht, die sowohl Edgar Degas, Rembrandt van Rijn als auch klassische Säulen und Pflanzenornamentik umfasst. Einige Figuren wirken mitsamt ihrer Umgebung bekannt, als hätten wir sie schon auf anderen Gemälden gesehen. An einer Stelle sieht es sogar aus, als würde eine Figurengruppe wiederholt und träte als rotes, skizzenhaftes Echo ihrer selbst auf. Die klassischen Säulen wiederum figurieren nicht nur als Bild in einem Buch, sondern erscheinen auch wieder als monumentale Silhouetten gegen den leuchtenden Himmel. Ganz unten rechts ist eine collageähnliche Zusammenstellung von alten Fotografien und Zeitungsausschnitten zu sehen, die zu einer gräulichen Masse aus Rastern, Druckerschwärze und flüssiger Farbe verschmelzen. Fiktion und Wirklichkeit fließen ineinander, was von den lesenden Personen hervorgehoben wird, die sich genau auf der Schwelle zwischen diesen beiden Dimensionen befinden. Es geht hin und her zwischen den beiden Teilen des Gemäldes: Der große offene Raum mit seinen Spalten von Unendlichkeit ist auch Teil der Welt der Lesenden. Durch die Kraft des Gedankens überschreiten sie die Grenzen des physischen Raums und bewegen sich schwerelos auf ferne Horizonte zu. Die Verbindung zwischen den beiden Räumen des Gemäldes, zwischen drinnen und draußen, wird durch die Theorie des Philosophen Gaston Bachelard über den Zusammenhang zwischen Innerlichkeit und Unermesslichkeit erklärt: Je mehr wir uns in die nahe Welt um uns herum vertiefen, desto näher rücken wir der Unendlichkeit.

Als Museum ist die Bibliothek ein Erinnerungslager für Relikte aus vergangenen Zeiten, die auf unserer Wanderung durch die staubigen Räume wieder zum Leben erweckt werden, wenn wir uns für sie interessieren. Das Gemälde stellt somit ein optimistisches Versprechen auf Unsterblichkeit dar.

"It would seem, then, that it is through their 'immensity' that these two kinds of space – the space of intimacy and world space – blend. When human solitude deepens, then the two immensities touch and become identical".[1]

This painting is divided into two zones – dark and light. Above, we see what appears to be a luminous orange-red evening sky, or a golden landscape in which rivers appear as dark fissures. Below, small figures gradually emerge from the dark, recalling the chiaroscuro paintings of the Baroque. Motifs overlap as in a collage, and the darkness wraps around the figures, concealing their outlines. People hold open books in front of them and seem to be totally absorbed in their reading, just as in the quiet, dusty rooms of a library.

The wealth of detail in the painting is endless, and the attentive viewer is drawn into the universe of the readers, which contains images of Edgar Degas and Rembrandt van Rijn, classical columns and ornamental plants. Some figures and their surroundings seem familiar, as if we have seen them before in other paintings. In one spot, it is as if a group of figures is repeated and appears as a red sketchy echo of itself. The classical columns appear not just as a picture in a book, but reappear as monumental silhouettes against the bright sky. At the bottom right of the painting, a collage-like collection of old photos and newspaper cuttings melts together into a greyish mass of halftones, ink and fluid paint. The boundary between fiction and reality is fluid and the meltdown is emphasised by the readers, who find themselves precisely on the threshold between the dimensions. The two parts of the painting seem to be mutually connected, as the large, open spaces, with fissures leading to some infinite space beyond, are also a part of the readers' universe. They transcend the limits of physical space by the power of thought and move weightlessly towards distant horizons. The link between the two spaces of the painting – the internal and the external – is explained through the theory of the connection between the intimate and the elaborate of the philosopher Gaston Bachelard: the more absorbed and introverted our engagement in our immediate circumstances, the closer we are to infinity.

Like the museum, the library is a memory bank in which relics from times past are kept and brought to life in line with our interest and movement through the dusty rooms. The painting therefore acts as an optimistic promise of immortality.

1   Bachelard, Gaston: Poetik des Raumes, Fischer Taschenbuchverlag, 7. Auflage | 7th edition, Frankfurt am Main 2003, S. | p. 203 (1964).

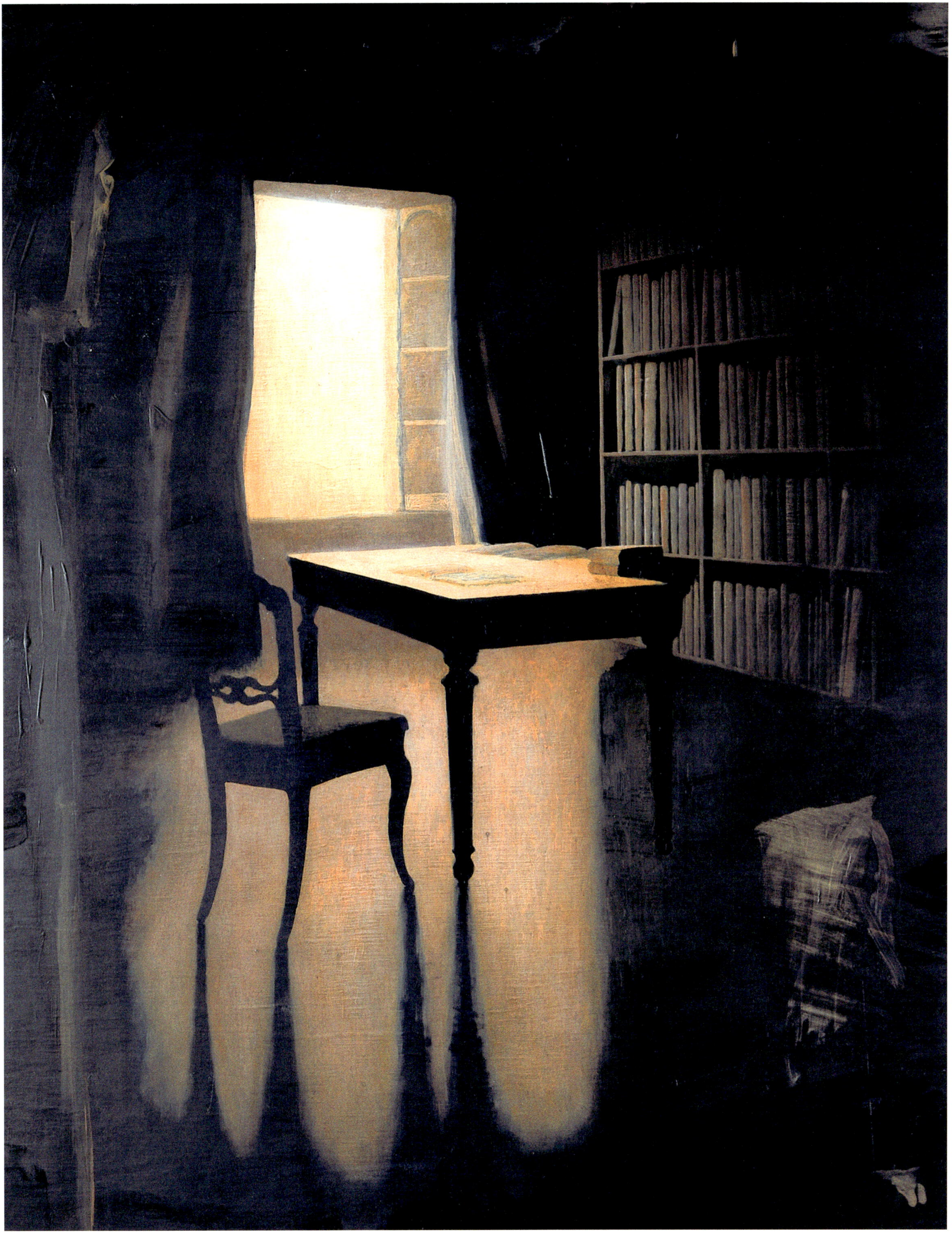

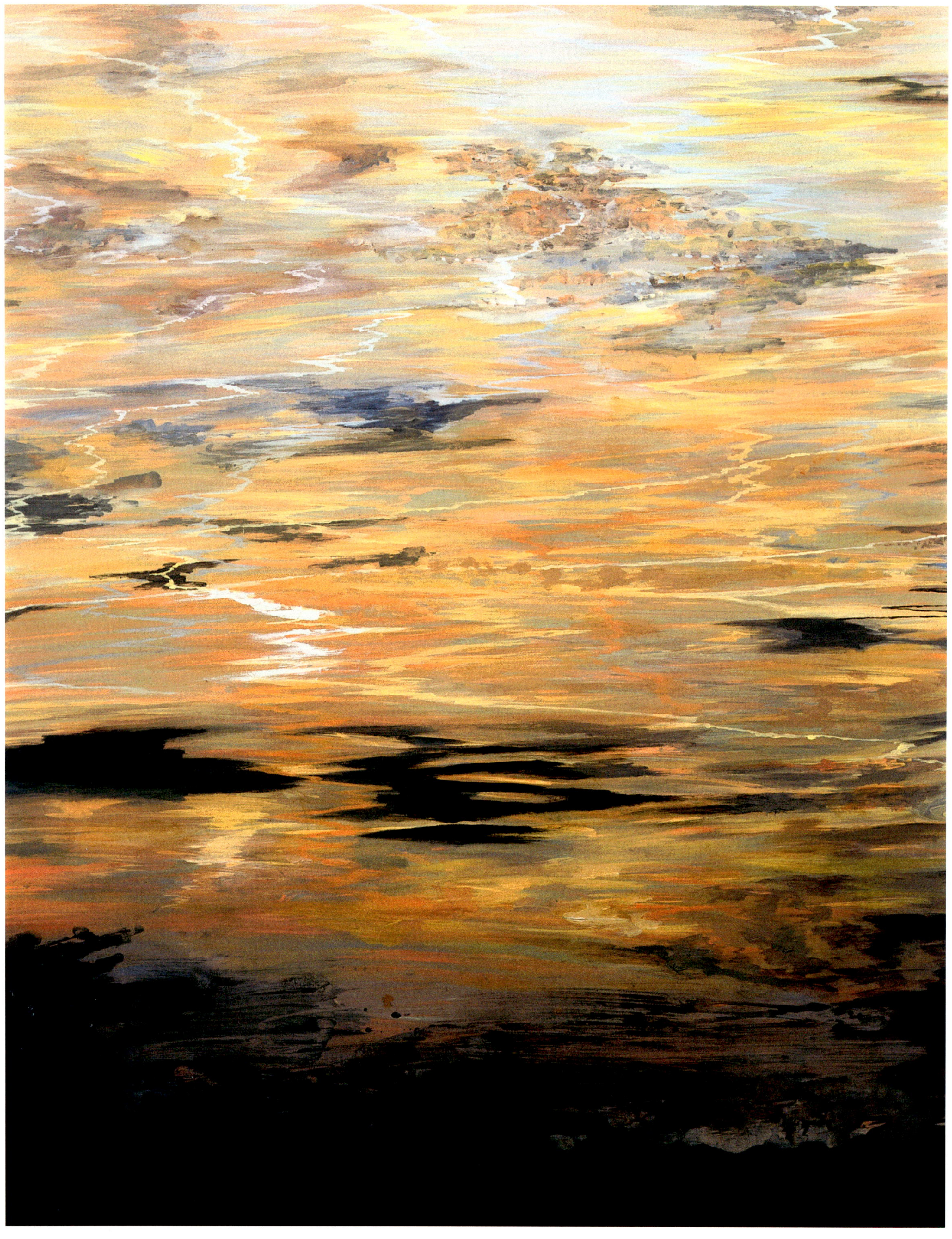

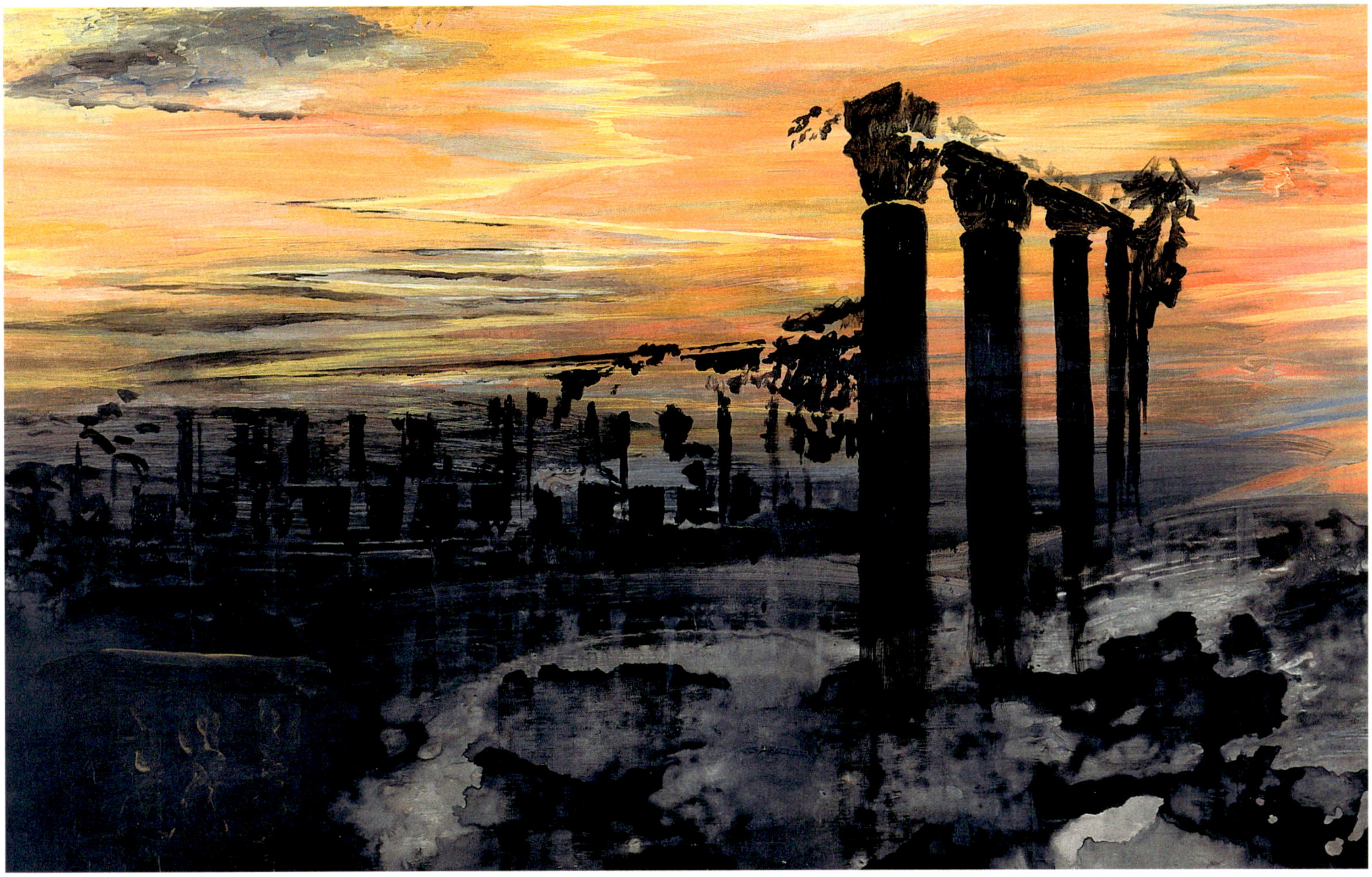

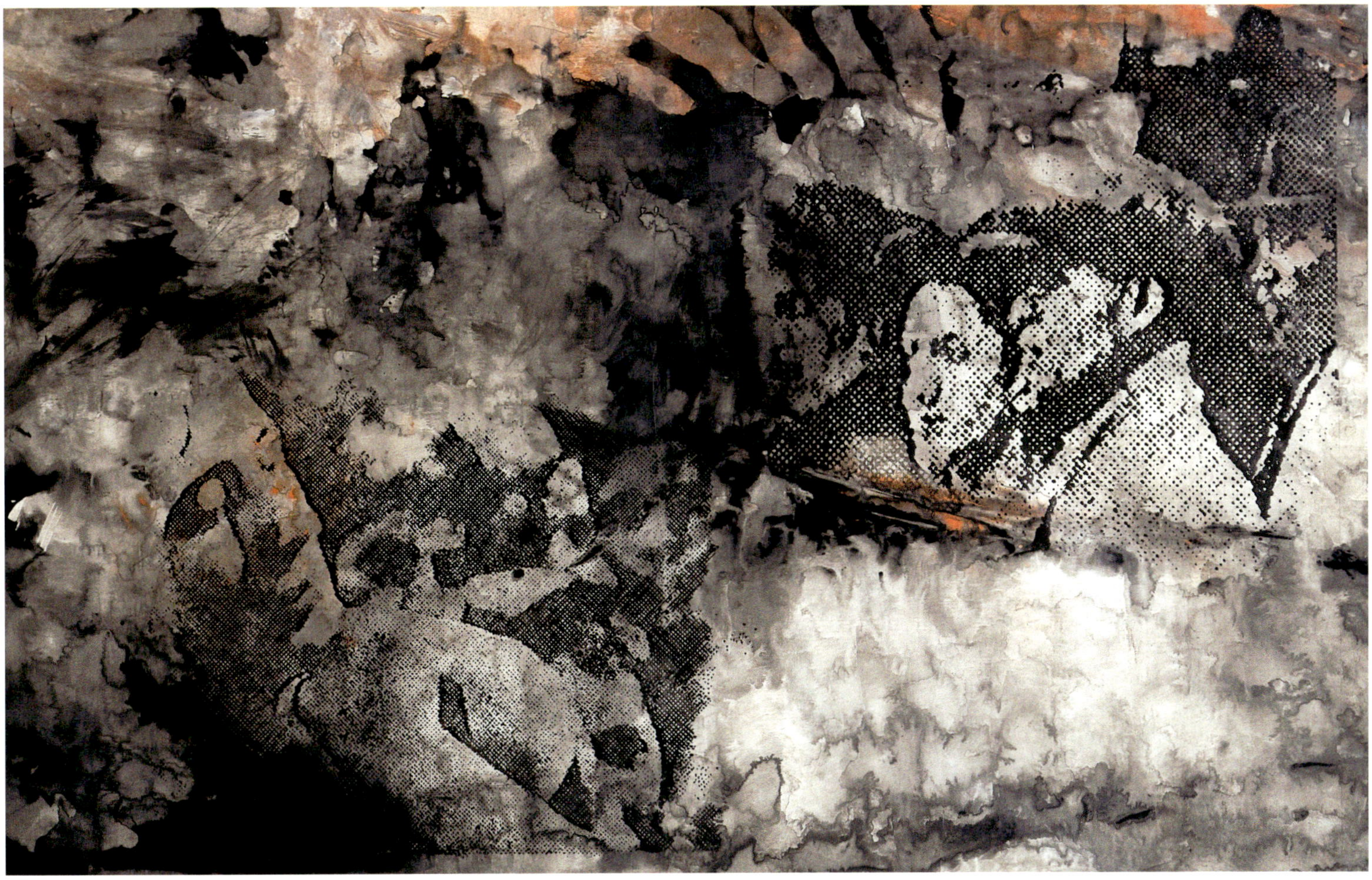

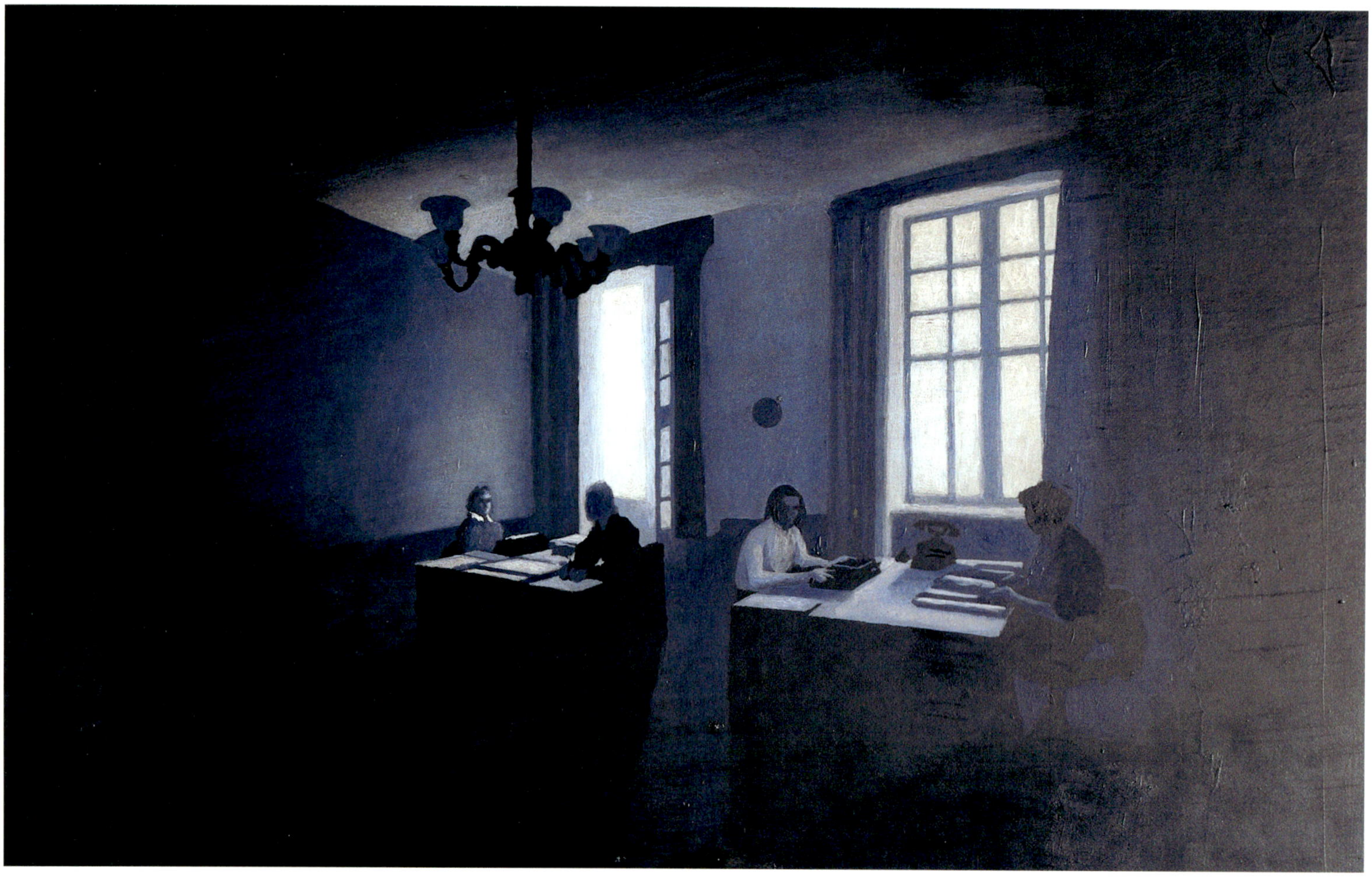

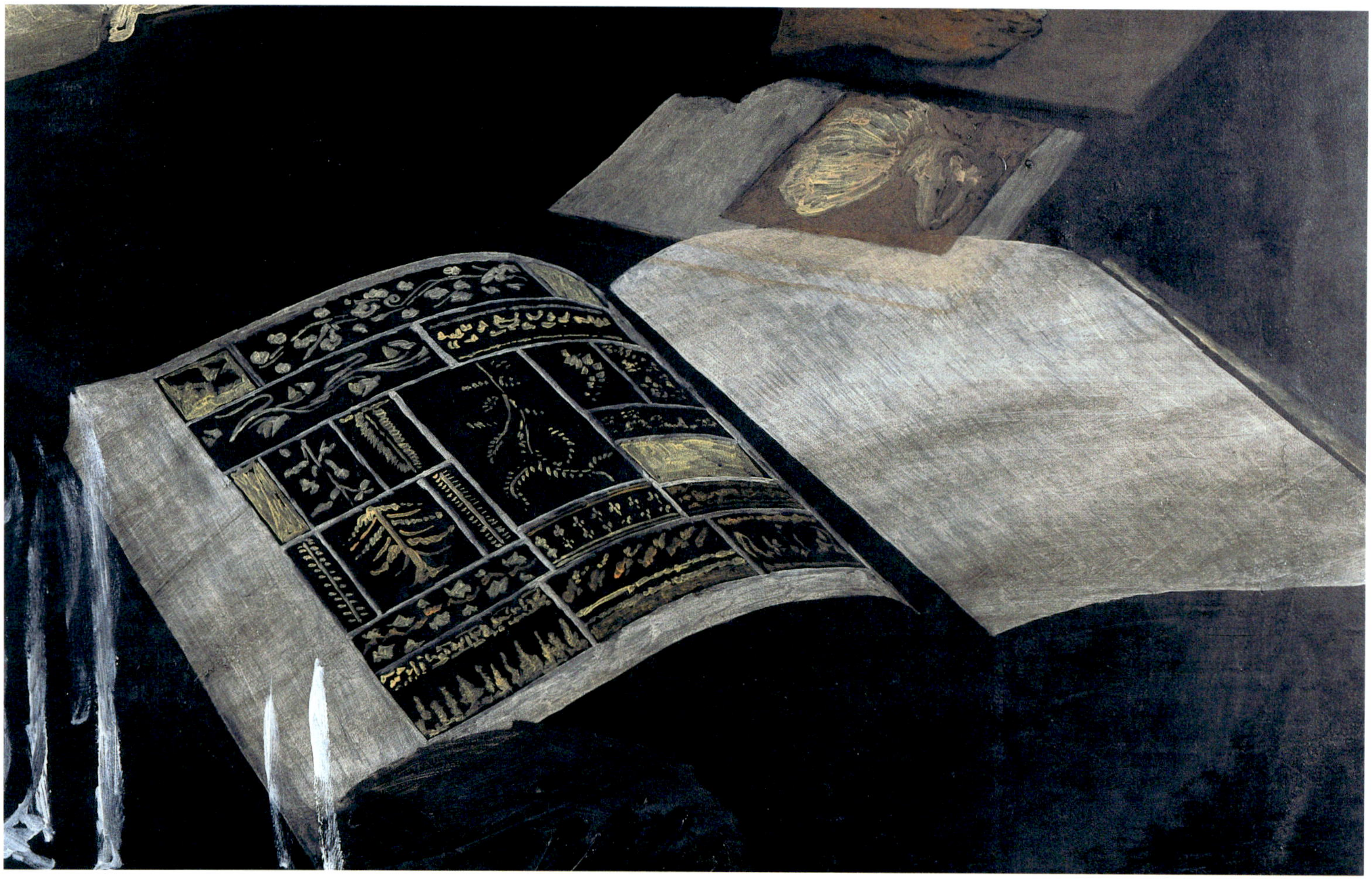

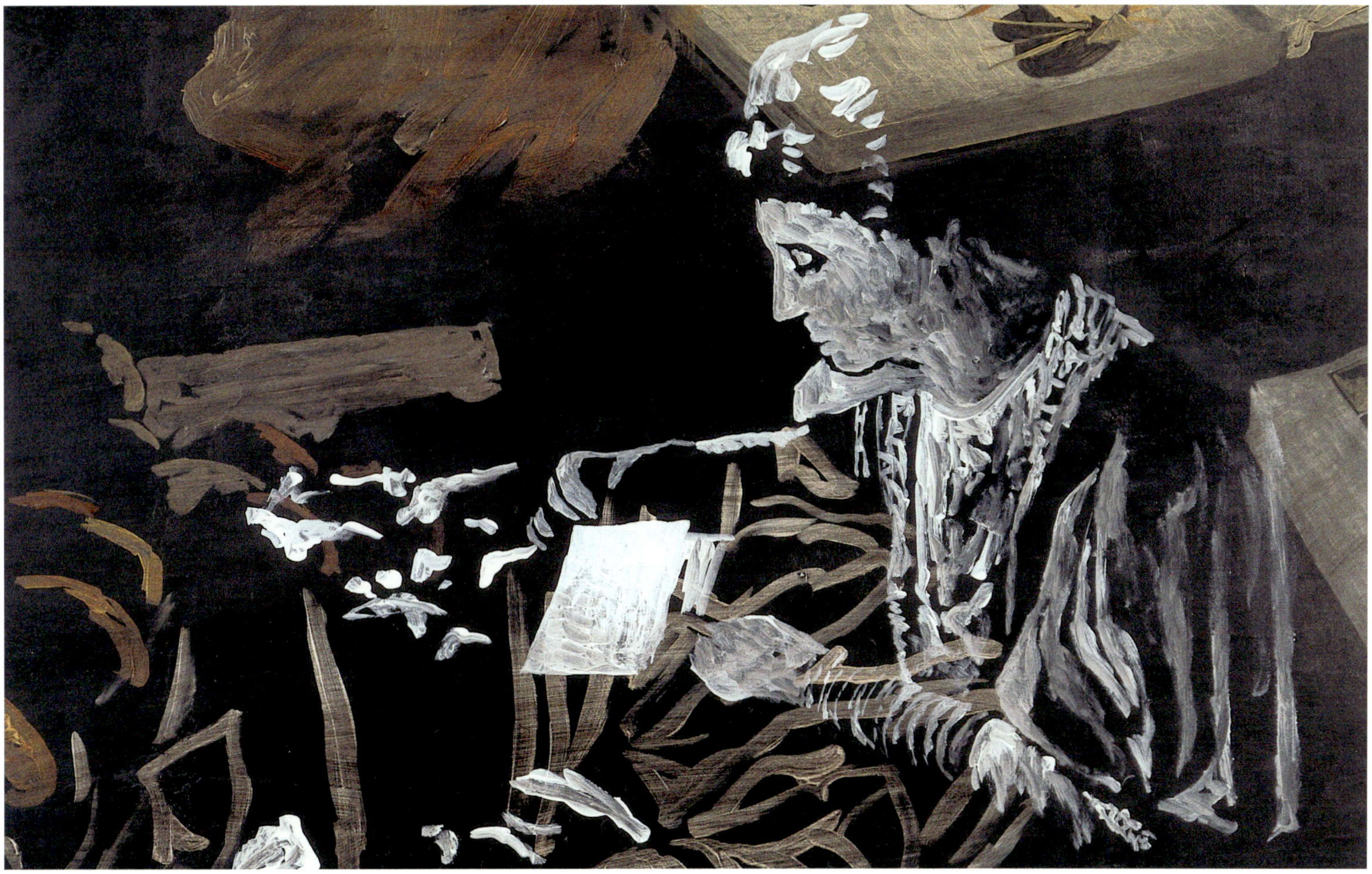

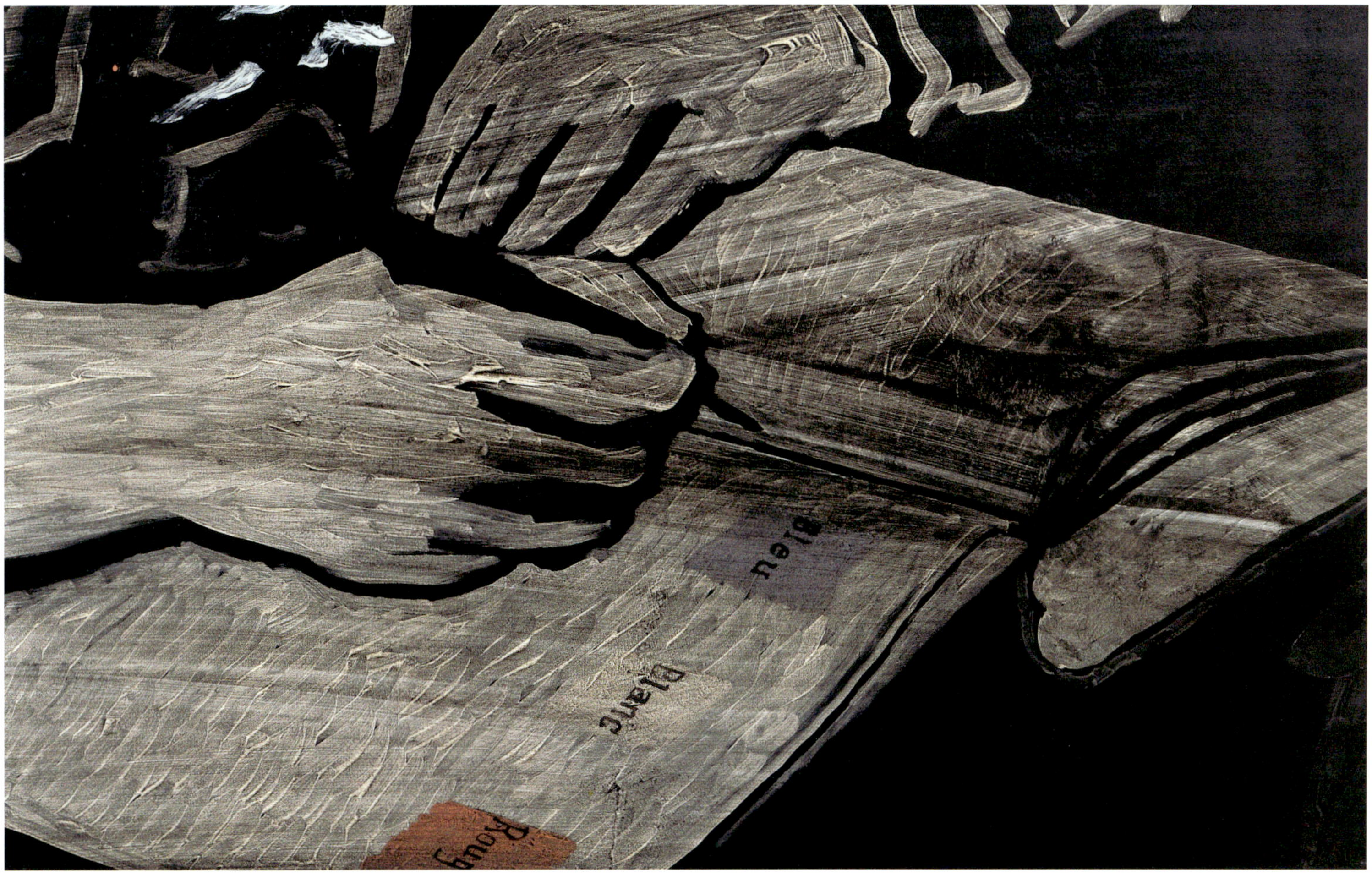

Bleu
Blanc
Rouge

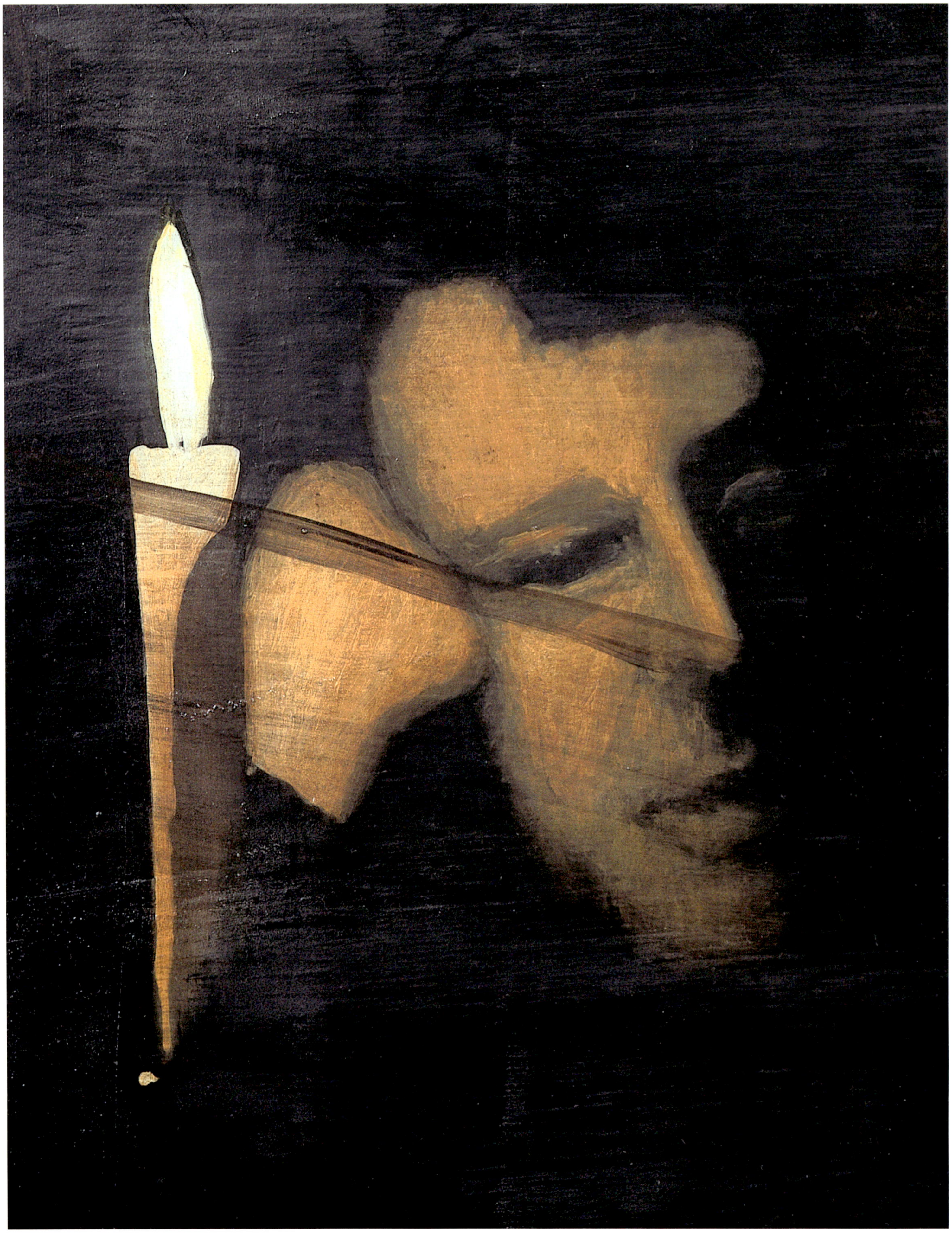

Museum 2002

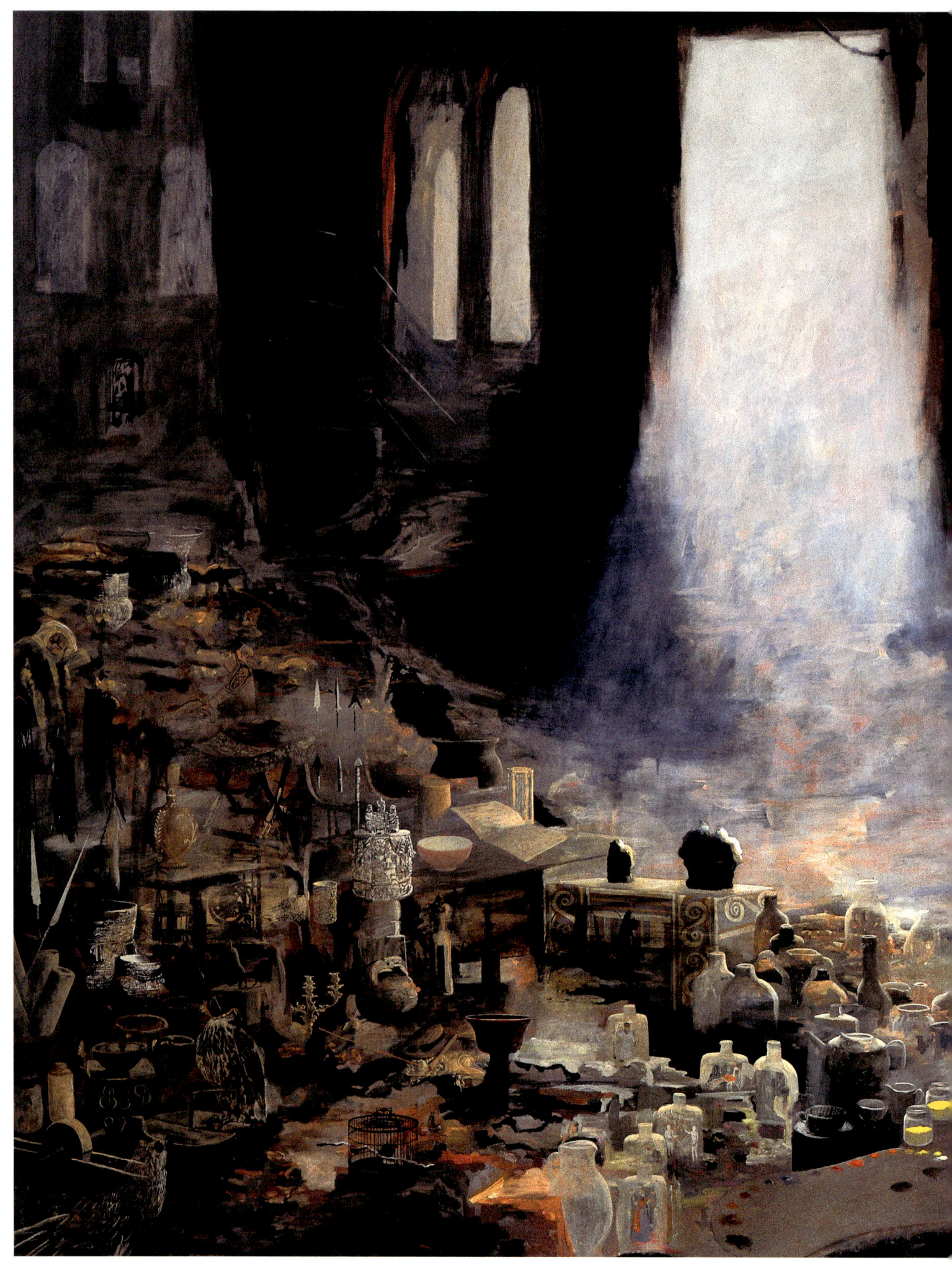

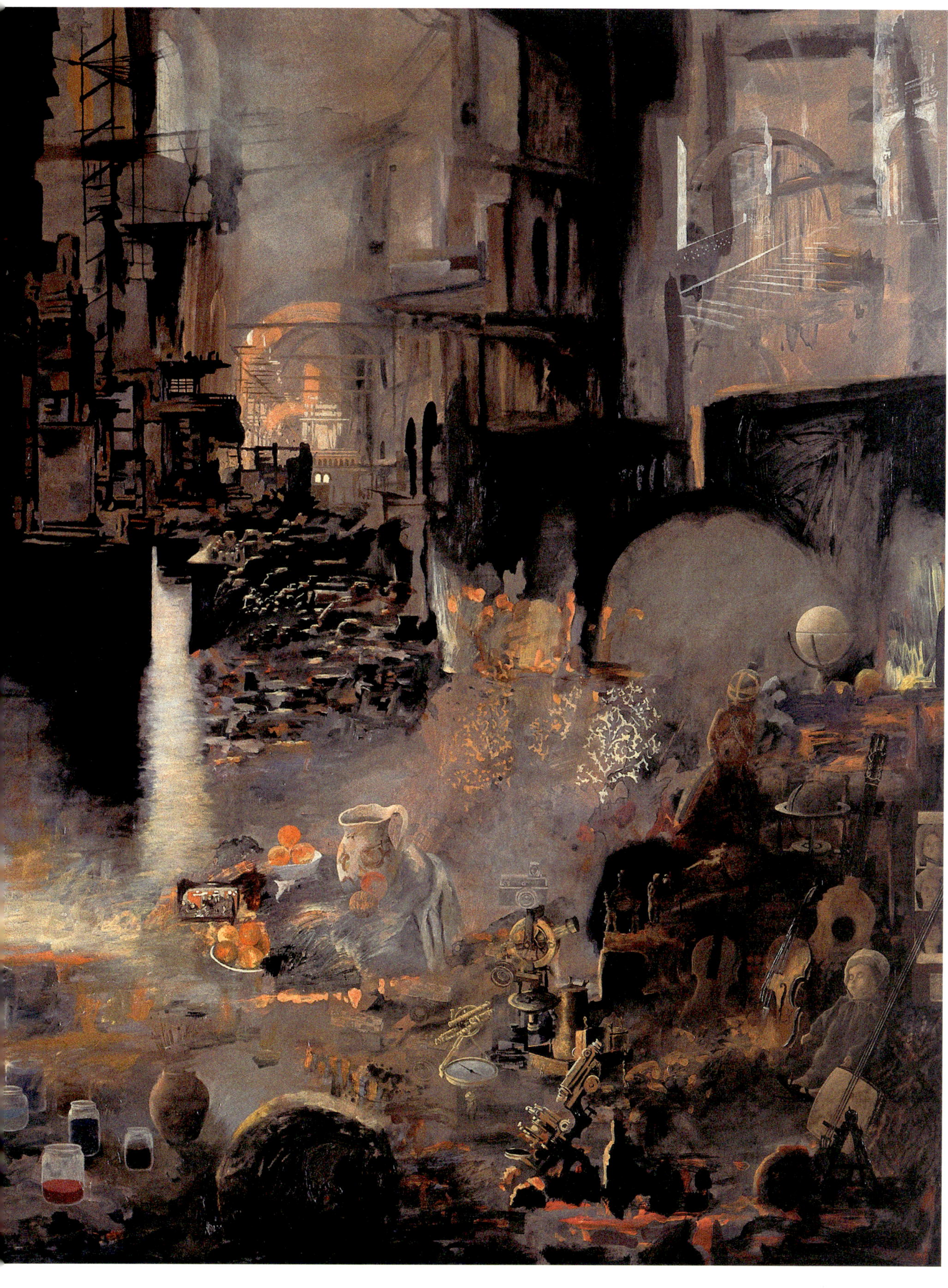

Museum

„Ich verstehe es so, dass wir in einem unendlich komplexen, labyrinthischen Raum leben, der sich öffnet und in alle Richtungen entfaltet."[1]

Das Erste, was ins Auge fällt, ist Licht, ein fahler Turnerscher Nebel, der sich in den dunklen Raum ergießt und die Details verschleiert. Der Betrachter befindet sich in einem unüberschaubaren, labyrinthischen Interieur, das Blick und Gedanken in unterschiedliche Richtungen lenkt. Architektonische Fragmente überlappen sich oder stoßen zusammen wie in einer Collage. Eine Kirche. Ein Museum. Oder das Atelier der Künstlerin selbst. Nichts ist sicher oder scheint sich erschöpfend erklären zu lassen.

Während sich das Auge allmählich an die Dunkelheit gewöhnt, taucht ein Gegenstand nach dem anderen auf: Krüge, Vasen, Puppen, Fotoapparate, Musikinstrumente und ausgestopfte Vögel kämpfen miteinander um unsere Aufmerksamkeit wie in einem Museum, in dem niemand Ordnung geschaffen oder das Material in Jahrhunderte kategorisiert hat. Die ausgestellten Gegenstände gleichen sich darin, dass sie Erinnerungen und Assoziationen erwecken, die uns hin- und herwandern lassen in unserem eigenen persönlichen Leben und in einer gemeinsamen kulturellen Vergangenheit. Wie in einem gigantischen holländischen Stillleben gemahnt hier jeder Gegenstand an den unaufhörlichen Gang der Zeit. Bei Nina Sten-Knudsen ist der Raum eine dynamische Dimension: Je mehr der Betrachter die Elemente entdeckt, aus denen der Raum besteht, und sich in sie vertieft, desto mehr weitet dieser sich aus. Die Dinge dürfen deshalb ihre Autonomie behalten und genau das Maß an Aufmerksamkeit auf sich ziehen, das der jeweilige Betrachter in sie investiert. Größenverhältnisse und Tiefenschärfe wirken zufällig und lassen sich nicht durch den Abstand der Objekte vom Betrachter erklären, sondern funktionieren eher als Illustration seines wechselnden Engagements. Man kann nicht alles auf einmal überschauen. Der Raum braucht Zeit.

Auch die Erinnerung an die Meister der Kunstgeschichte wird ins Spiel gebracht in diesem gewaltigen Museum, dessen Stil und Motiv zurückdenken lassen an Paul Cézanne, Giovanni Battista Piranesi, William Turner oder die holländischen Meister des 17. Jahrhunderts. Überall tauchen zwischen den Gegenständen kleine Miniaturbilder auf, die wiederum die Gedanken auf Wanderschaft gehen lassen und Groß und Klein durcheinander bringen. Nina Sten-Knudsen hat ihre Vorgänger auf dieselbe Art in ihr Bild gemalt, wie wir uns selbst in ihren komplexen Bildraum malen können. Palette, Pinsel und Farben stehen am Rand für uns bereit.

"I believe we live in an infinitely complex, labyrinthine space which is opening out and developing in every direction".[1]

The first thing you see is light; a pale Turneresque mist which flows into the dim space and obscures all detail. We are in an immeasurable, labyrinthine interior, which sends our thoughts and gaze heading off in various directions. Architectural fragments overlap and collide as if in a collage. A church? A museum? Perhaps the artist's own studio? Nothing is certain and no explanation seems sufficient.

As the eye adjusts to the darkness, we begin to perceive a museum where nothing has been ordered or categorised for centuries. One object after another appears: pots, vases, dolls, cameras, musical instruments and stuffed birds fight with each other to gain our attention. What these articles have in common is that they trigger memories and associations that resonate both in our personal lives and in a common cultural heritage. It is akin to a massive Dutch still life in which every object is a reminder of the unending march of time.

Space has a dynamic dimension here that expands in step with our discovery of and interest in the elements of which it is comprised. Things are permitted to retain their autonomy, to attract precisely the degree of attention that a viewer is prepared to give. Relationships of size and sharpness and depth seem incidental and cannot be explained in terms of how far the objects are from the viewer, but rather function as an illustration of the shifting nature of our participation. It is not possible to view everything at once. Space takes time.

Memories of the grand masters of art history come into play in this virtual museum, where style and motif bring to mind Paul Cézanne, Giovanni Battista Piranesi, William Turner and the 17th-century Dutch masters. Miniatures appear here and there among the objects, which again send our thoughts roaming and blends together the great and the small. Sten-Knudsen has painted her predecessors into her picture, just as we paint ourselves into her complex pictorial space. Palette, brushes and paint are ready and waiting for us at the edge of the painting.

1 Sten-Knudsen, Nina: Nina Sten-Knudsen. Ausstellungskatalog | Exhibition catalogue, Sophienholm Lyngby 2004, S. | p. 45.

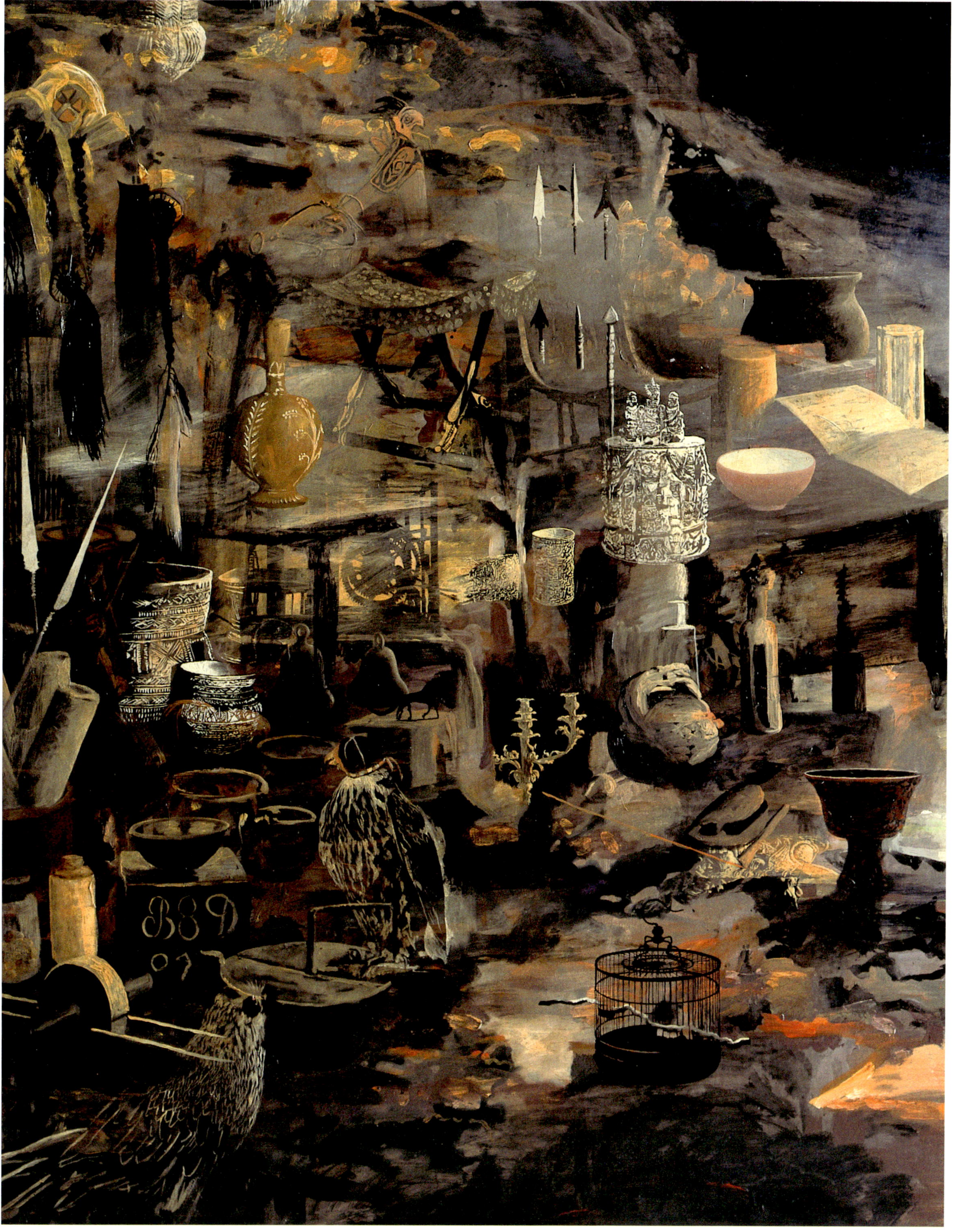

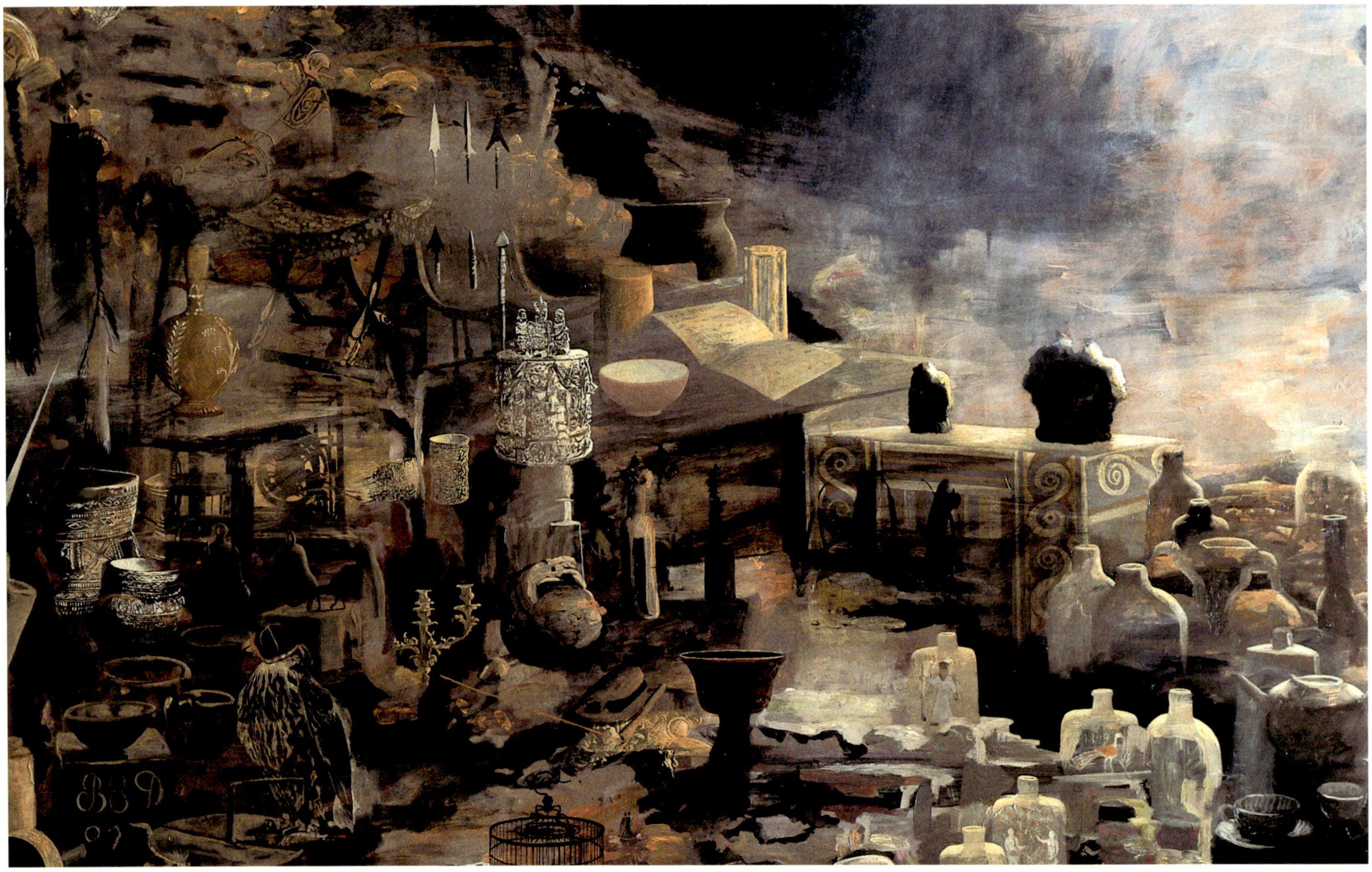

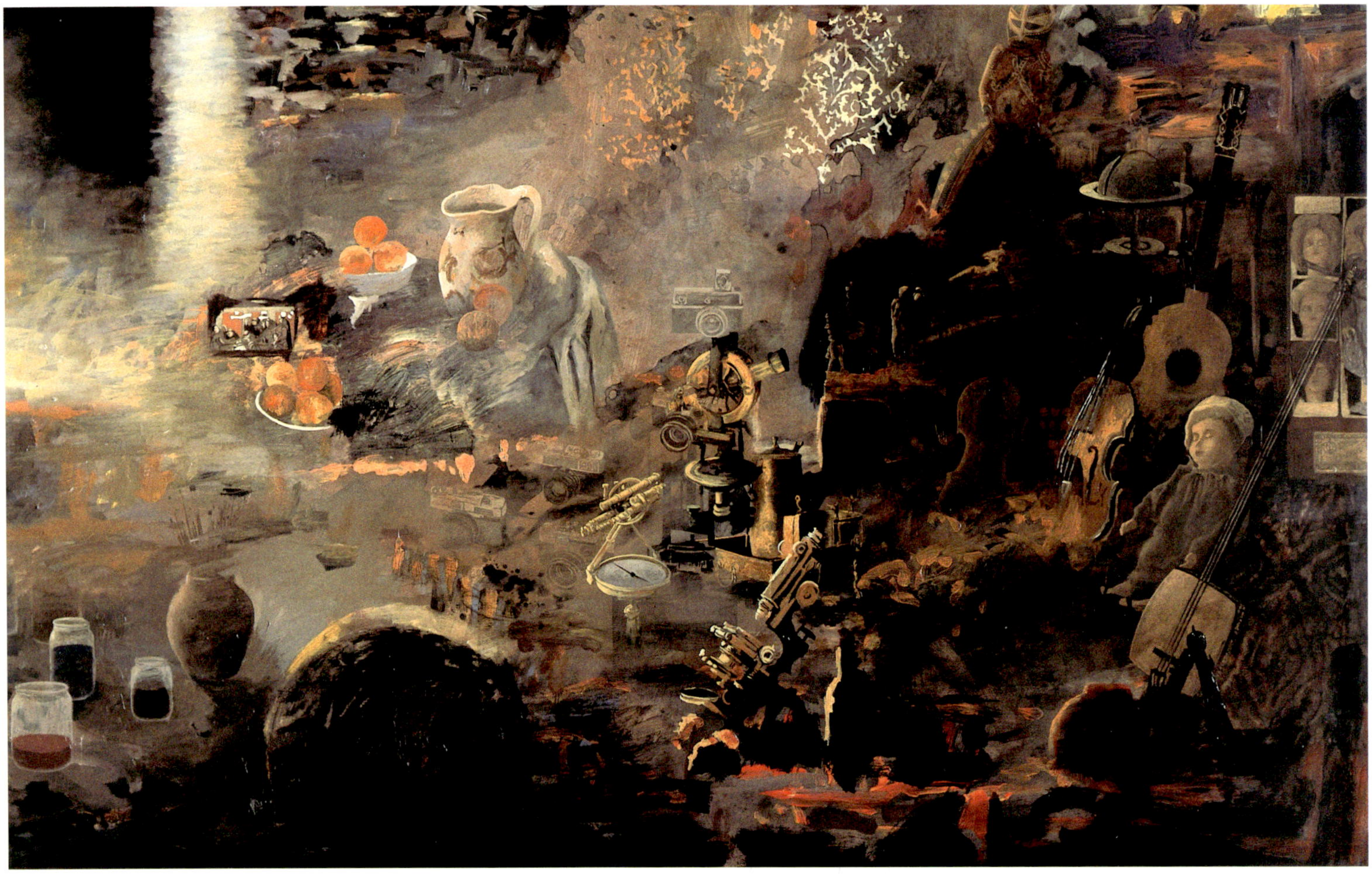

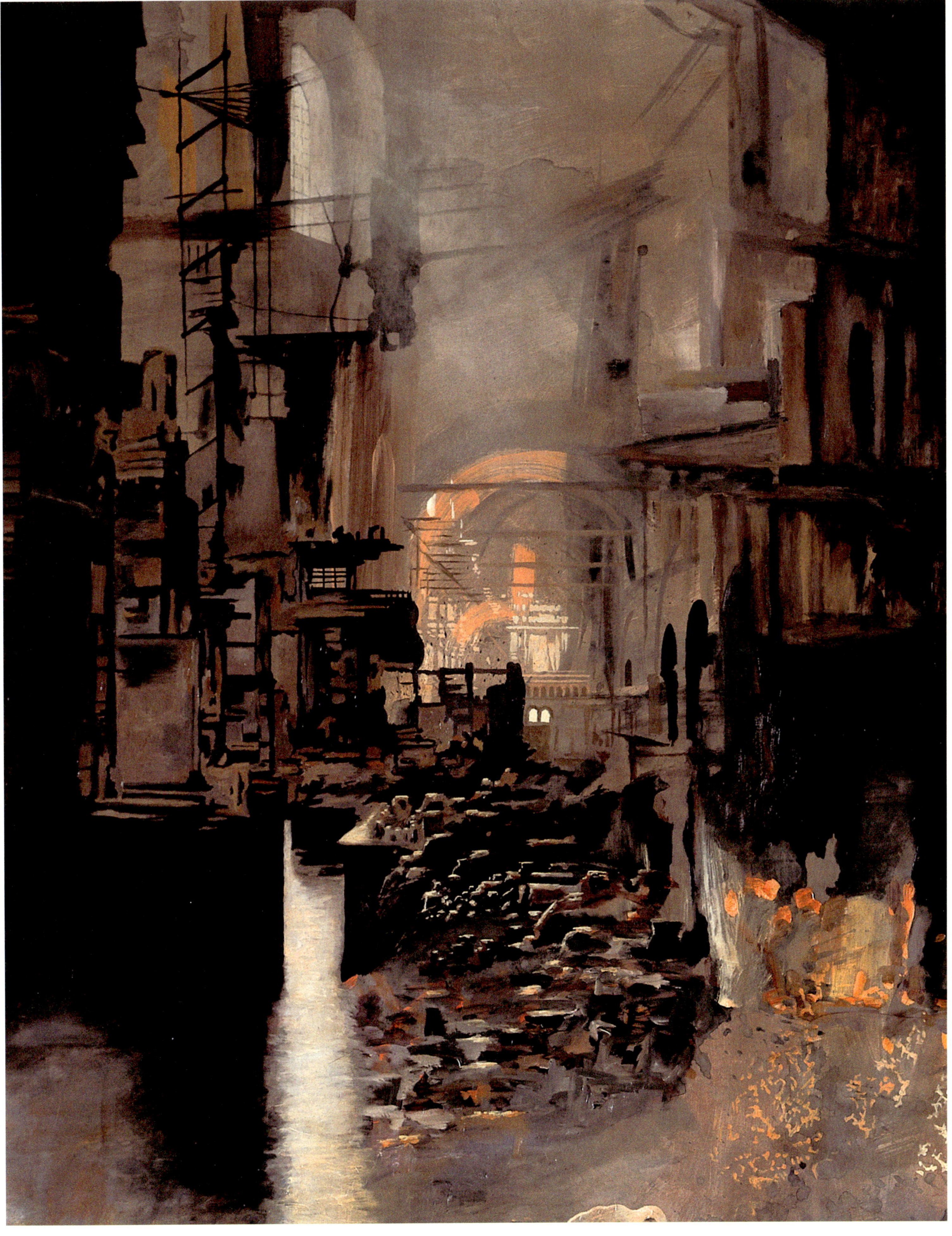

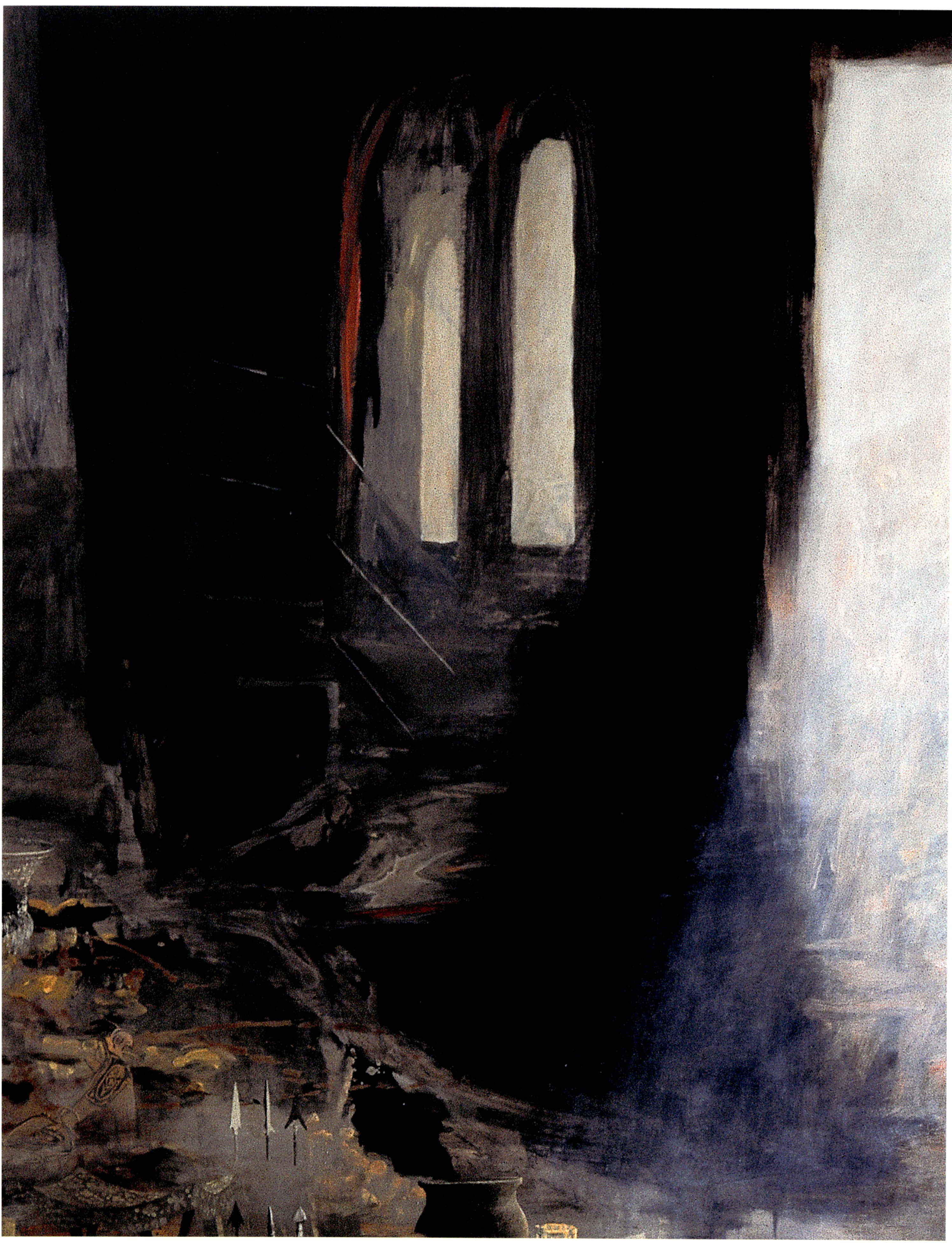

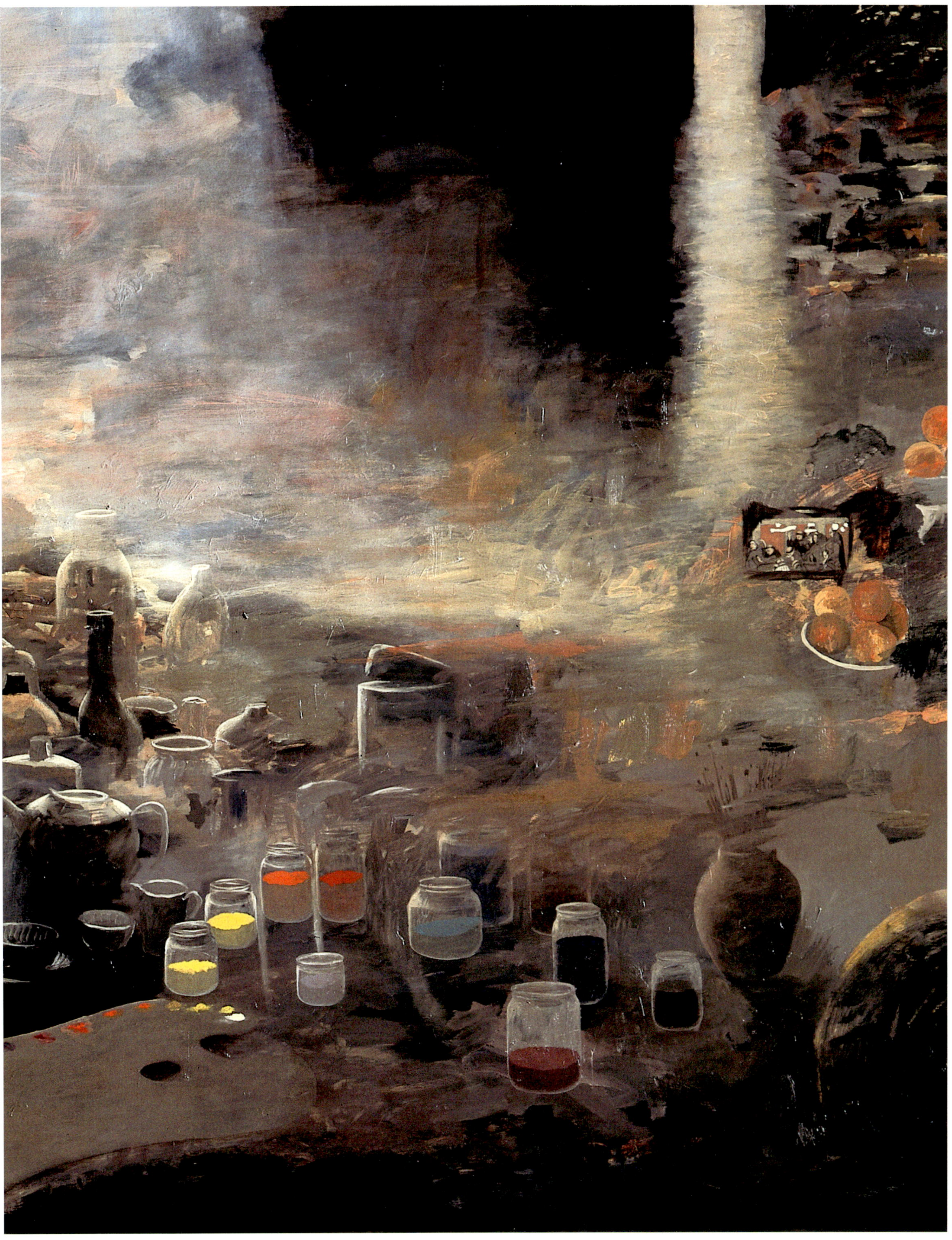

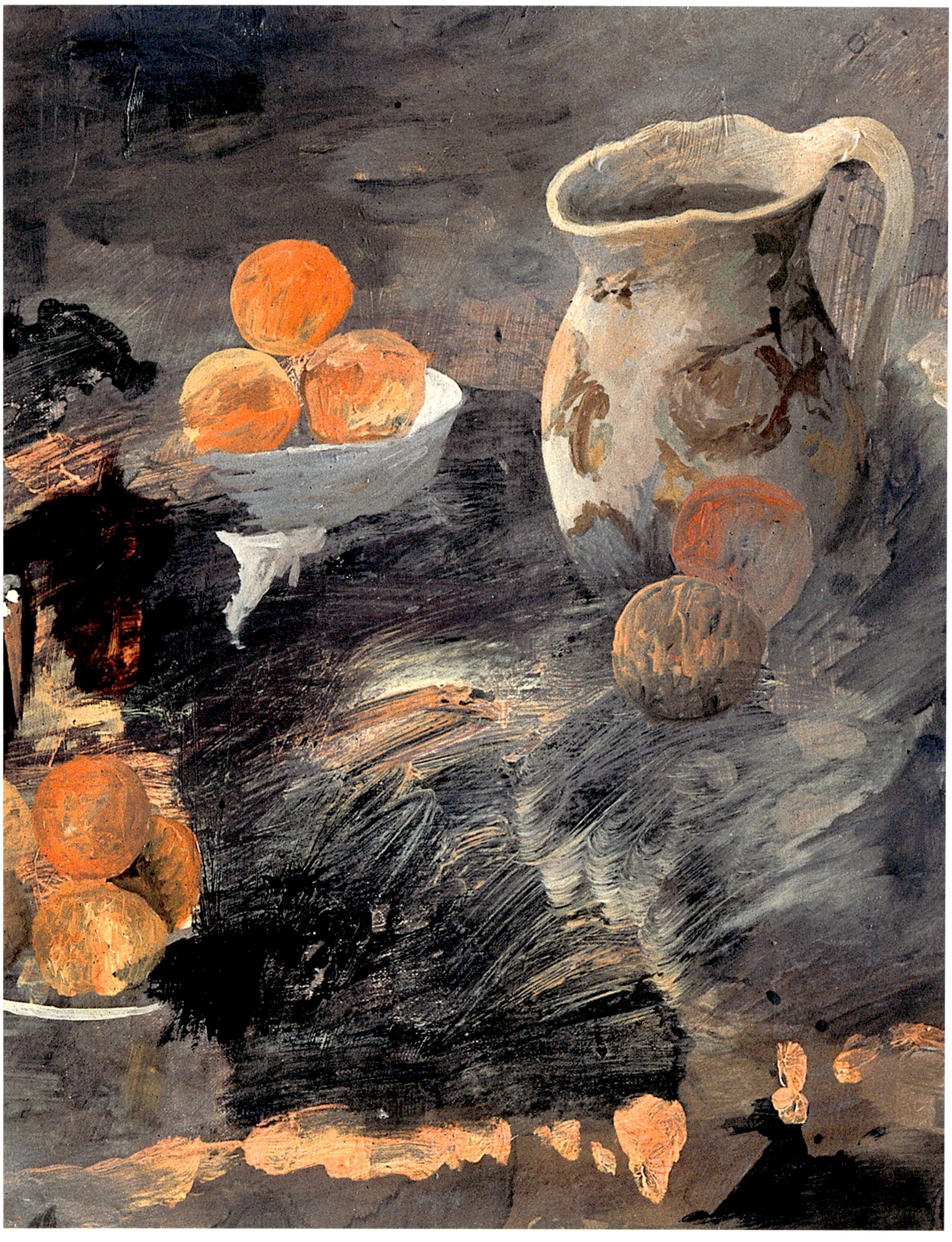

The Wave 2002

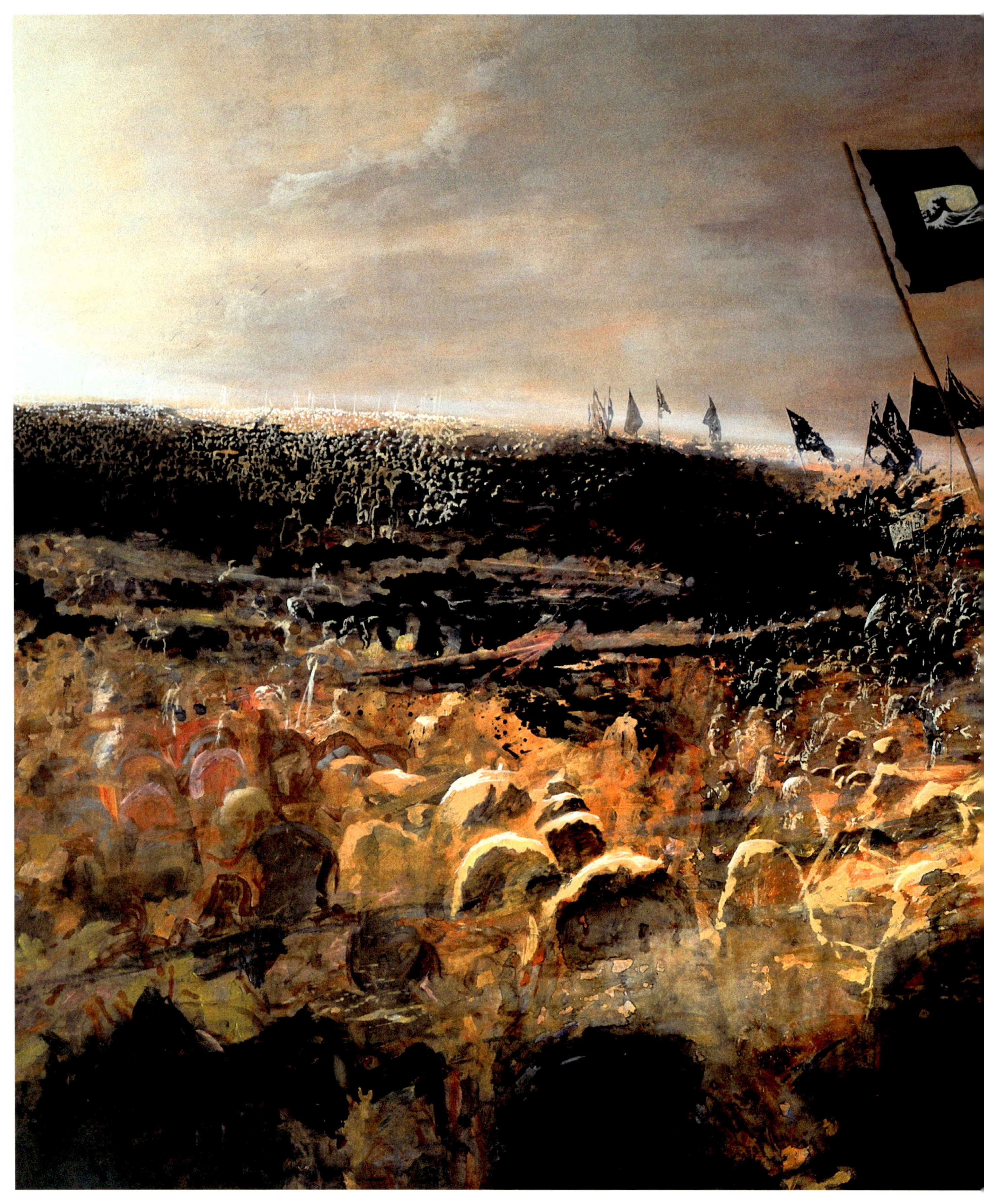

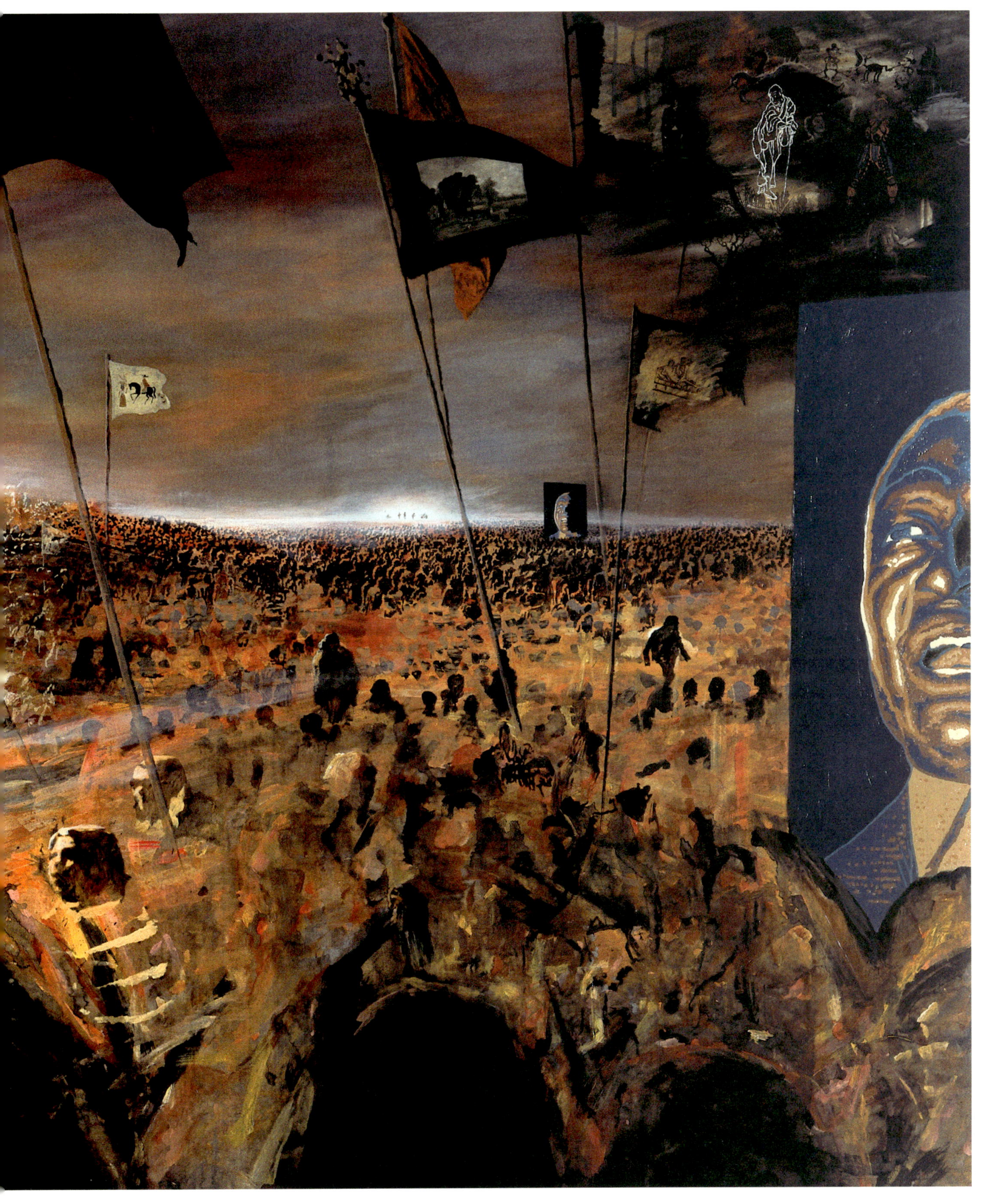

Die Welle

Wie ein gigantisches, aufgewühltes Meer bewegt sich eine unüberschaubare Menschenmenge auf den leuchtenden Horizont zu. Die Luft dampft vor Dramatik, und die dominierende rote Farbe erweckt Vorstellungen von einem Schlachtfeld oder einer blutigen Revolution. Überall wehen schwarze Banner mit ihren verschiedenen Motiven, als handele es sich um eine politische Demonstration. Diese bedrohlichen Assoziationen werden jedoch gegenstandslos beim Anblick der mikroskopisch kleinen Rockband, die in einer schmalen Spalte am Horizont aufleuchtet und von einem ganz anderen Ereignis zeugt. Das Motiv könnte im Prinzip auf ein beliebiges Kapitel in unserer gemeinsamen Geschichte hinweisen.

In der Mitte ist auf einem Banner Katsushika Hokusais berühmter Holzschnitt *Die große Welle von Kanagawa* zu sehen. Er stellt das die verschiedenen Elemente vereinigende Gesamtbild für dieses Gemälde dar, das auch nach ihm benannt ist. Eine Welle bedeutet Umwälzung, Veränderung, im schlimmsten Fall sogar Lebensgefahr. So kann sie auch für das unbarmherzige Vorwärtsstreben der Geschichte stehen. Als Historiengemälde präsentiert **The Wave** kein spezifisches Ereignis unserer gemeinsamen Vergangenheit, sondern zeigt, wie sich die Geschichte durch eine Schicht aufeinander gehäufter Bilder hindurch selbst erzählt. Die Geschichte ist keine chronologische Erzählung, die einen linearen Zeitverlauf darstellt, sondern ein immenses Erinnerungslager, in dem die verschiedensten vergangenen Zeiten und Epochen zum Leben erweckt werden und nebeneinander auftreten können. An anderer Stelle ist John Constables berühmtes Gemälde *Der Heuwagen* (National Gallery, London) zu sehen und erinnert uns daran, dass auch die Repräsentation eine Geschichte hat und dass jede Periode ihren eigenen visuellen Ausdruck besitzt, der in dem geschichteten Raum mit herumgewirbelt wird. Die existierenden Strukturen werden von einer Welle aufgewühlt, der so gewonnene neue Zustand jedoch enthält wiederum die Ereignisse und Bilder der Geschichte.

Die Menschen im Vordergrund sind nicht deutlicher hervorgehoben als die Figuren im Hintergrund, im Gegenteil, sie erscheinen sogar noch undeutlicher und anonymer, fast wie Statuen. Sie haben ihre Individualität verloren und werden nun willenlos im Raum der Geschichte umhergewirbelt, als seien sie Fossilien aus einer weit entfernten Vergangenheit. Hier ist die Pinselführung expressiver, und ganz vorn sind lediglich dunkle Silhouetten zu sehen, wie Schatten, die die Menschen in der ersten Reihe auf die Kinoleinwand werfen. Oder vielleicht sind wir es selbst, die die Bilder der Geschichte betrachten und dabei zu einem Teil von ihnen werden.

The Wave

Like a gigantic, heaving sea, an incalculable throng of people flows towards a bright horizon. The air is redolent with drama and the dominant red evokes a battlefield or a bloody revolution. Black banners are flourished, featuring various motifs, as if in a political demonstration. But these threatening associations wane as we catch sight of a microscopic rock band gleaming through a narrow fissure on the horizon, transforming the events before us. In principle, this motif could cover just about any chapter in our shared history.

The famous Katsushika Hokusai woodcut *The Great Wave at Kanagawa* appears as a banner in the middle of the picture, hence the title. A wave means upheaval, change, possibly even danger of death, and is a suitable expression of the merciless forward momentum of history. Yet if this is a historical painting, it is not because it presents us with a specific event in our common history, but because it shows how history tells its own story through layers of accumulated imagery. History is not a chronological or linear narrative, but rather a massive memory bank in which all past eras can be brought to life and various epochs viewed side by side. Elsewhere we see John Constable's famous painting *The Hay Wain* (National Gallery, London) serving as a reminder that representation also has its history, that each period has had its own forms of visual expression. **The Wave** shakes up the existing structures, but the new order retains the events and images of history.

The people in the foreground are no sharper than the figures in the background; indeed, the brushwork is more expressive here, the figures even more indistinct and anonymous, almost like statues. They have lost their individuality and are now thrown around aimlessly in the space of history, like fossils from a distant past. The dark silhouettes at the front are reminiscent of the shadows we see on a cinema screen of the people sitting in the row in front of us. Or the shadows may be us, looking at the pictures of history and thus becoming part of them.

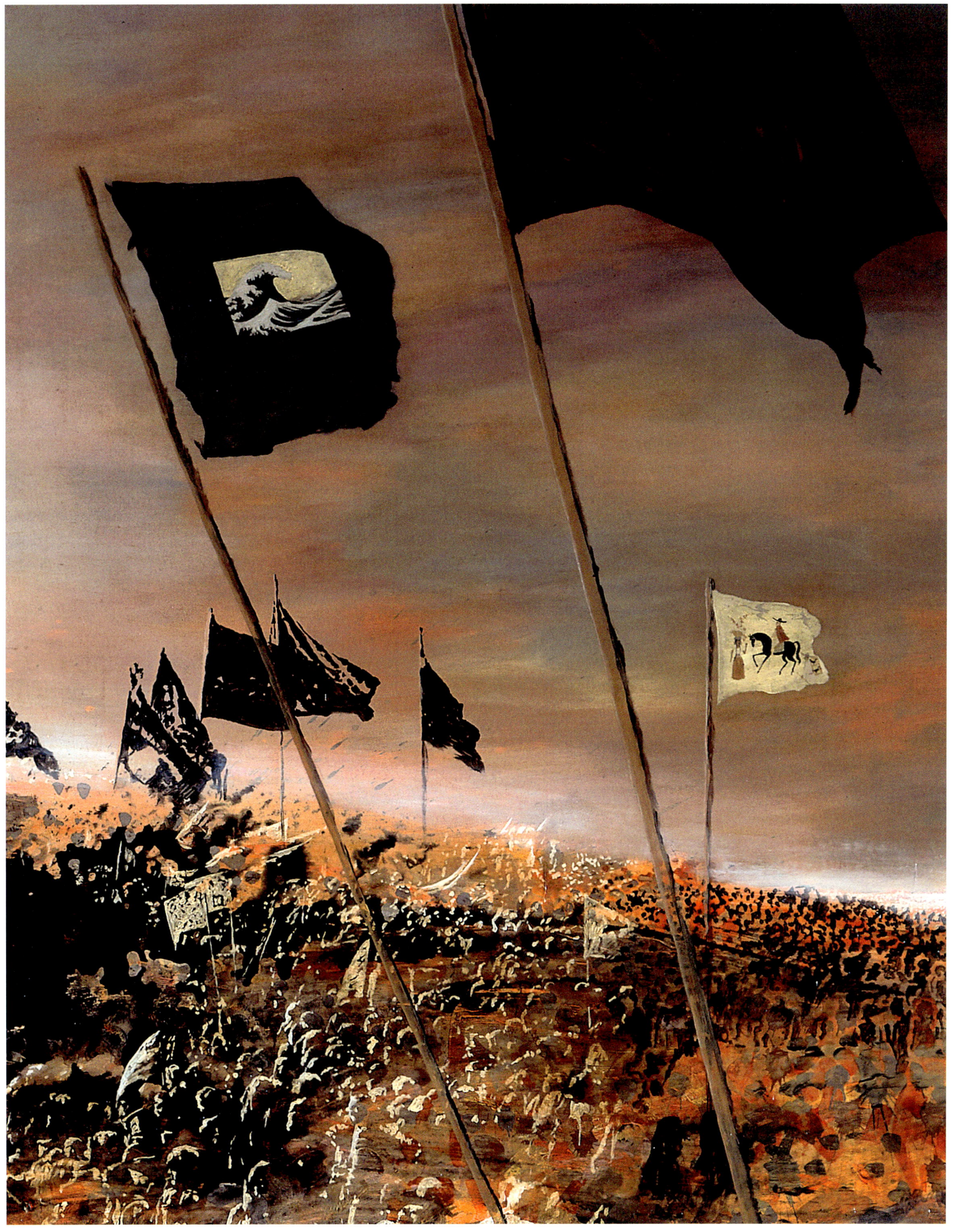

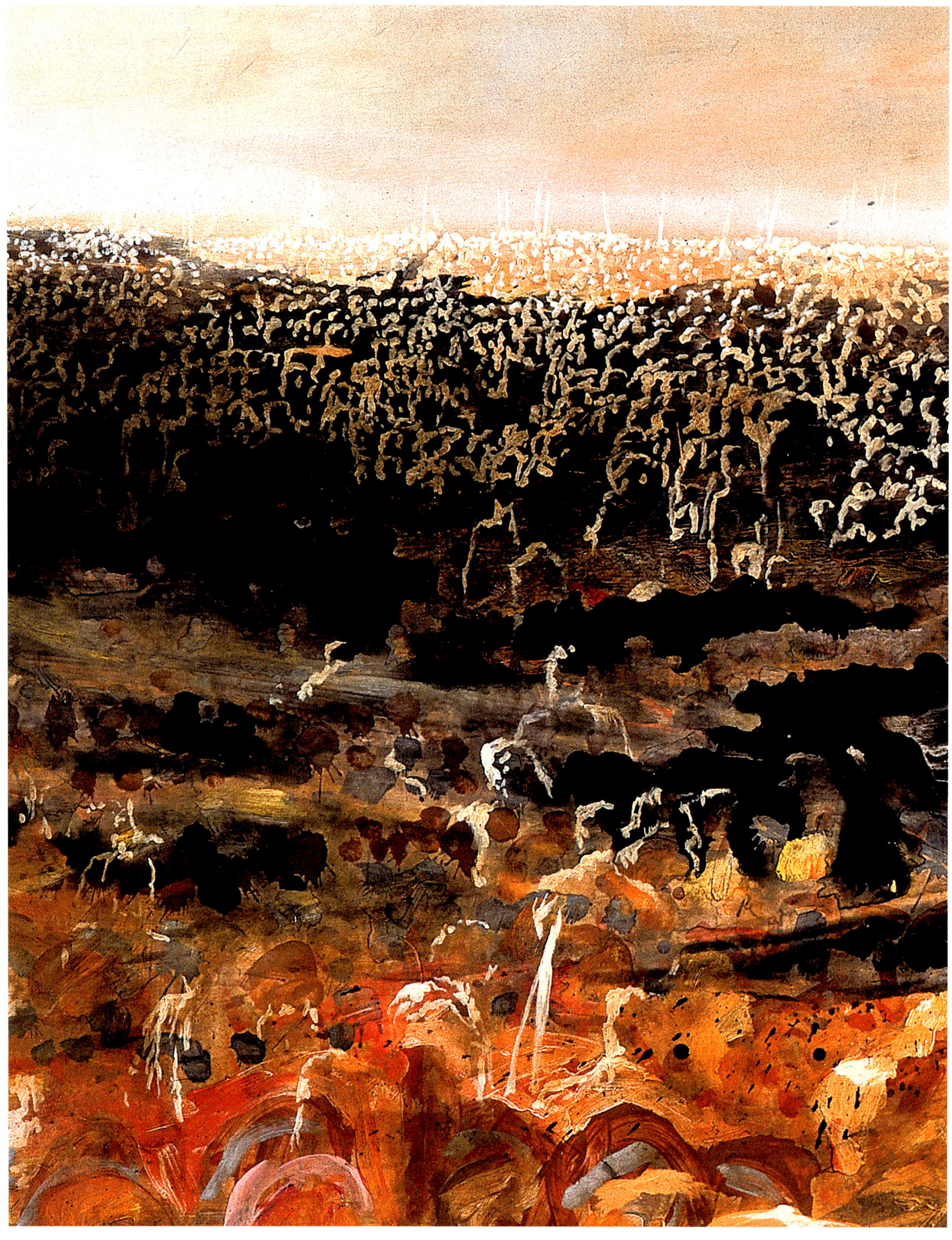

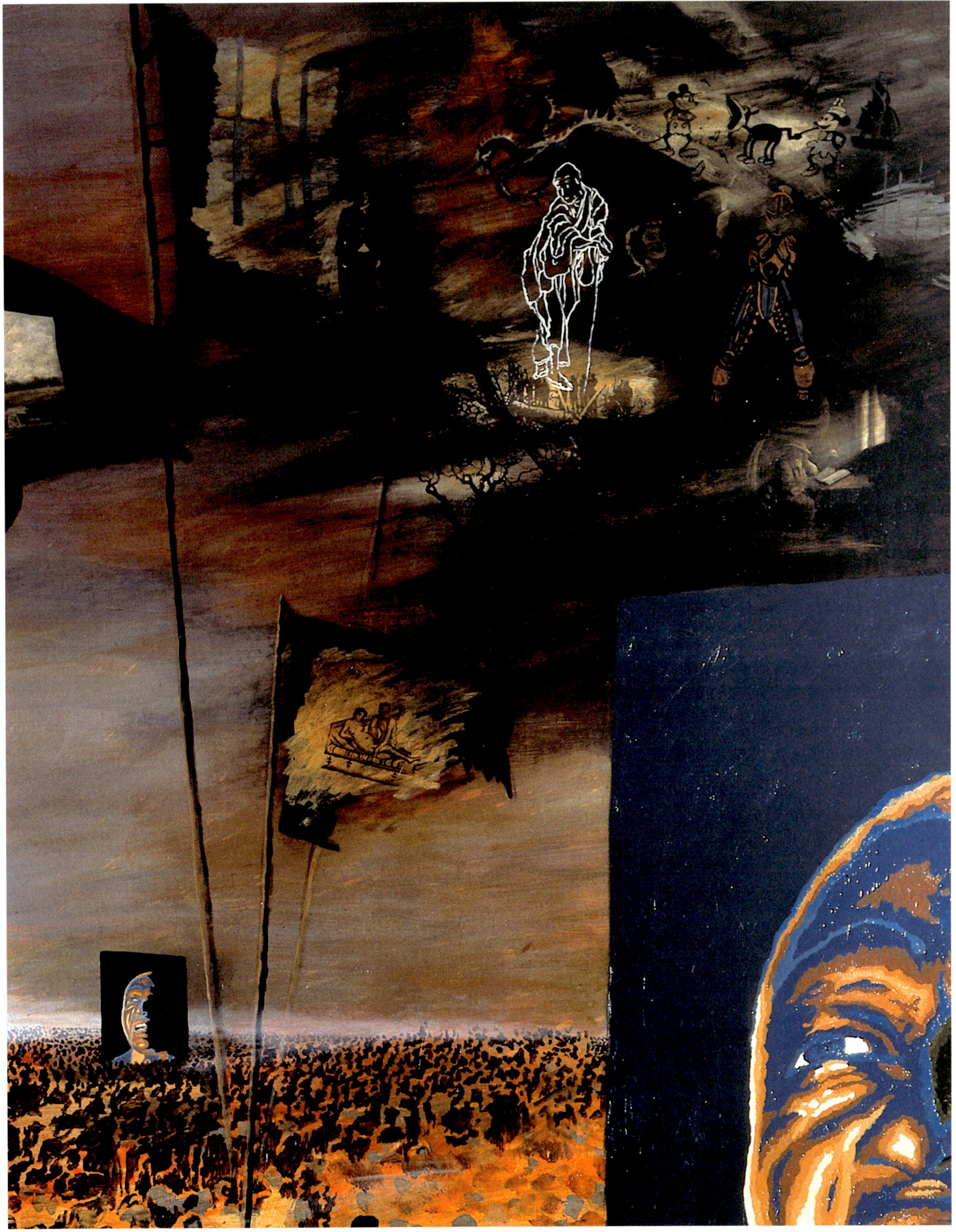

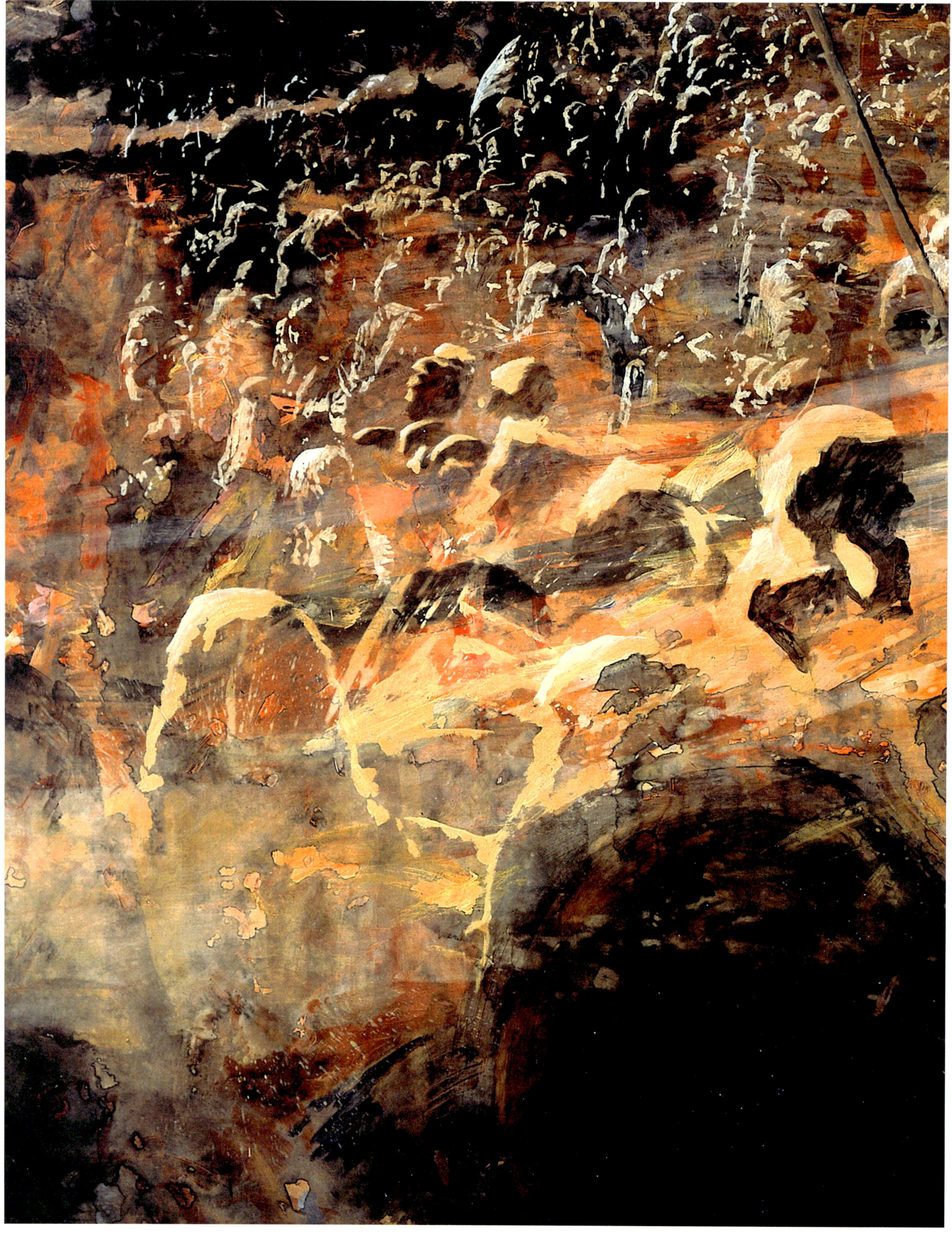

Raft 2002

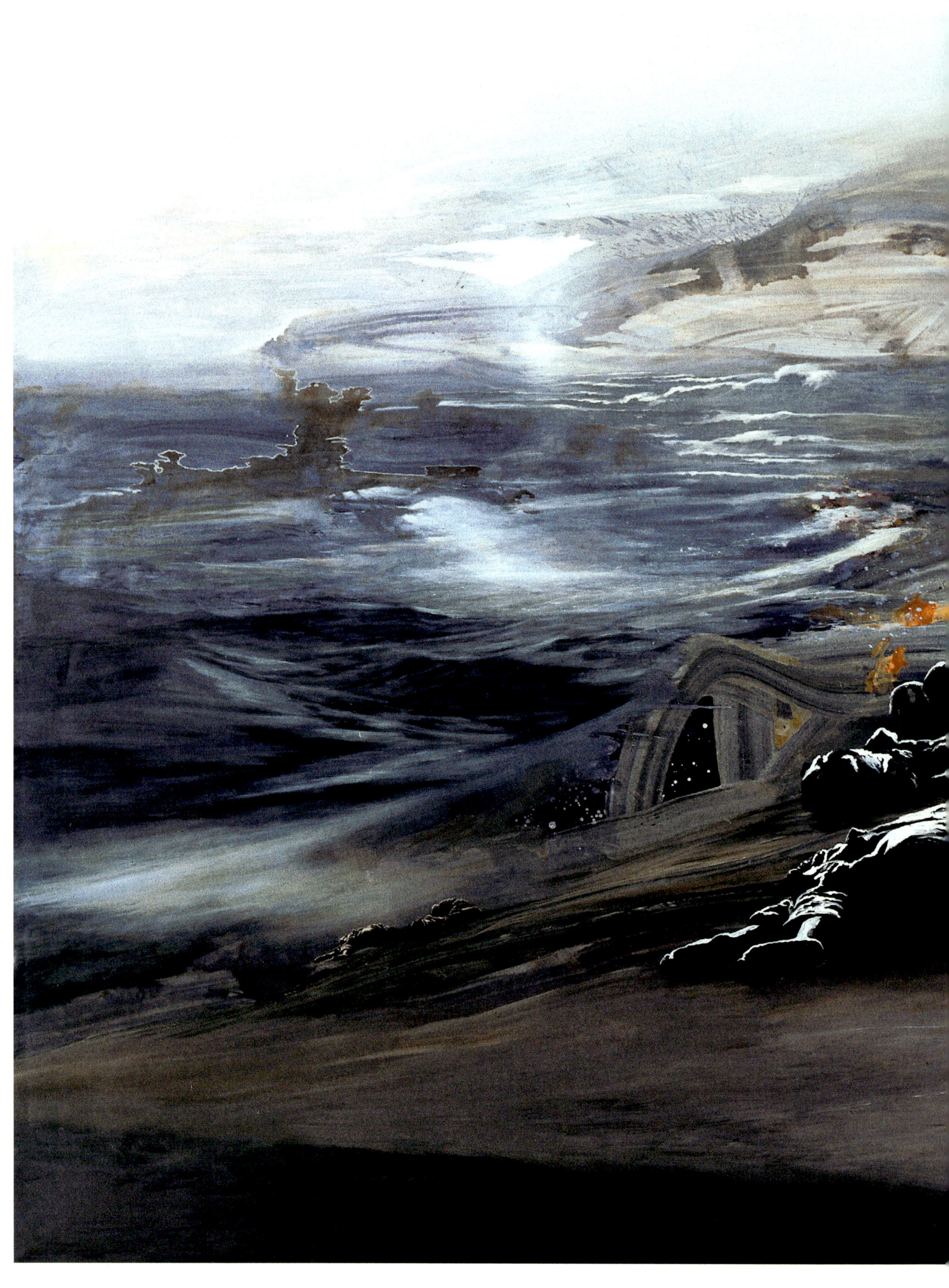

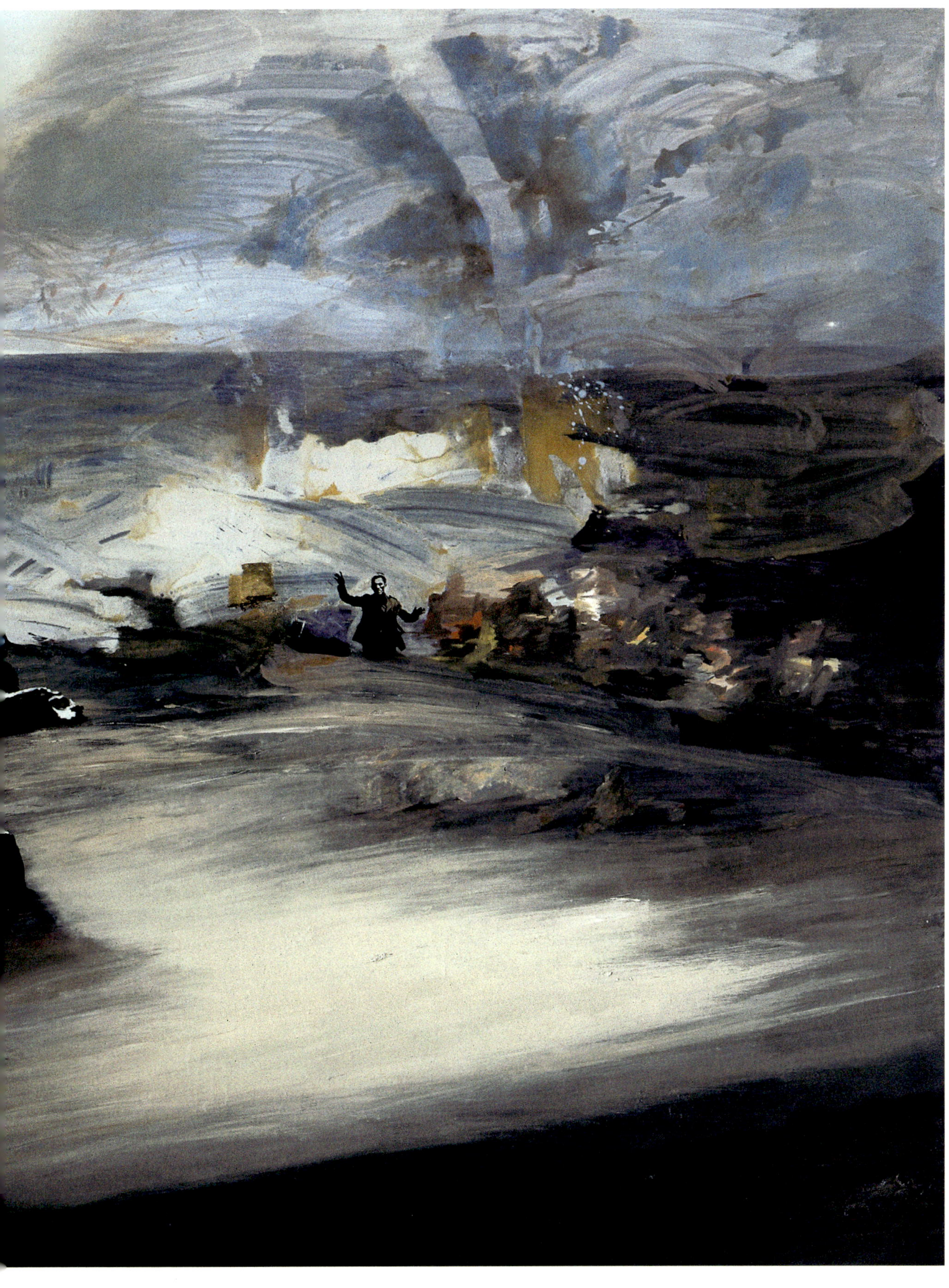

Floß

Dieses Gemälde unterscheidet sich von den anderen durch seine Einfachheit. Das Motiv ist nicht aus vielen detaillierten Fragmenten zusammengesetzt, sondern konzentriert sich auf wenige Elemente, bei denen das Auge ungestört verweilen darf. Auf einem riesigen, aufgewühlten Meer treibt planlos ein Floß mit drei leblosen, gekrümmten Menschenkörpern umher. Titel und Motiv lassen an Théodore Géricaults berühmtes Bild *Das Floß der Medusa* (Musée du Louvre, Paris) denken, nicht zuletzt weil Gesichtswinkel und Winkel des Floßes auf der Bildebene identisch sind. Dieser Vergleich sei gestattet, um zu beleuchten, in welch hohem Maße Nina Sten-Knudsens Version sich von dem nervenaufreibenden Drama ihres romantischen Kollegen unterscheidet.

Auf **Raft** ist die Katastrophe schon eingetroffen. Der Sturm hat sich gelegt und es gibt nur noch die Leere. Das einzige Lebenszeichen ist der winzige Mann, der wie durch ein Wunder hinter dem Floß auftaucht. Er ist jedoch zu klein, um eine echte Hoffnung darzustellen. Schärfe und Farbe heben ihn und die toten Körper von den expressiven Pinselstrichen der Umgebung ab. Besonders die Figuren auf dem Floß wirken wie auf die Leinwand gestempelt, nicht wie gemalt und dieser Eindruck bestärkt sich durch die Entdeckung, dass dieselbe Figurengruppe in kleinerem Format links davon wiederholt wird. Die Menschen hier sind als individuelle Persönlichkeiten bedeutungslos. Wie die Figuren im Vordergrund von **The Wave** sind sie auf willenlose Fossilien reduziert und im Begriff, von dem gigantischen Meer der Geschichte verschlungen zu werden. Das kleine Männchen macht keinen Unterschied, weil es in eine andere Dimension, in einen anderen historischen Raum gehört.

Die hohe Horizontlinie raubt dem Gemälde etwas von seiner Tiefe. Das Floß schafft eine Spannung zwischen dem fiktiven Raum und der Fläche der Leinwand und droht, die Toten aus dem Gemälde in die Arme des Betrachters zu kippen. Die nahezu abweisende Flachheit des Gemäldes wird nur an einer Stelle durchbrochen, und zwar direkt an den Köpfen der Ertrunkenen, wo ein sternklarer Nachthimmel aus dem Zwischenraum zwischen den breiten Pinselstrichen aufzutauchen scheint. Hier öffnet sich der unendliche Raum irgendwo hinter der Oberfläche des Gemäldes, bereit, die verlorenen Geschöpfe zu verschlingen und sich für immer über ihnen zu schließen.

Raft

This painting stands out from the others in the collection by virtue of its simplicity. The motif is not composed of many detailed fragments, but concentrates on a few elements that the eye is allowed to dwell upon undisturbed. A wooden raft, with three lifeless bodies curled up on it, floats aimlessly on a great, heaving sea. The title and motif send our thoughts in the direction of Théodore Géricault's famous *The Raft of the Medusa* (Musée du Louvre, Paris), not least because the viewing angle and the angle of the raft on the picture plane are identical.However, if this comparison serves no other purpose, it clearly demonstrates the degree to which Sten-Knudsen's version differs from the nerve-wracking drama of her Romantic counterpart.

The **Raft** has experienced disaster, the storm has calmed and all that is left is emptiness. The only sign of life is the tiny male figure, miraculously emerging from behind the raft, but the smallness of his stature prevents him from representing any real hope. The sharpness and colour of the man and the dead bodies distinguishes them from the expressive brushwork of their surroundings. The figures on the raft, in particular, seem stamped, rather than painted, onto the canvas, and this impression is strengthened by the discovery that the exact same group of figures is repeated on a smaller scale to the left. These people are not significant as individuals, but, like the figures in the foreground of **The Wave,** they are reduced to powerless fossils about to disappear into the great sea of history. The little man will make no difference because he belongs to another dimension, another historical space.

The height of the horizon deprives the painting of depth, and the raft itself creates tension between the fictional space and the surface of the canvas, threatening to tip the dead bodies out of the painting and into the arms of the viewers. The almost disconcerting flatness of the painting is pierced at just one point – by the heads of the drowned people, where a clear, starry night sky seems to peep through between the broad brushstrokes. Infinite space opens up somewhere behind the surface of the painting, ready to swallow the lost souls and engulf them forever.

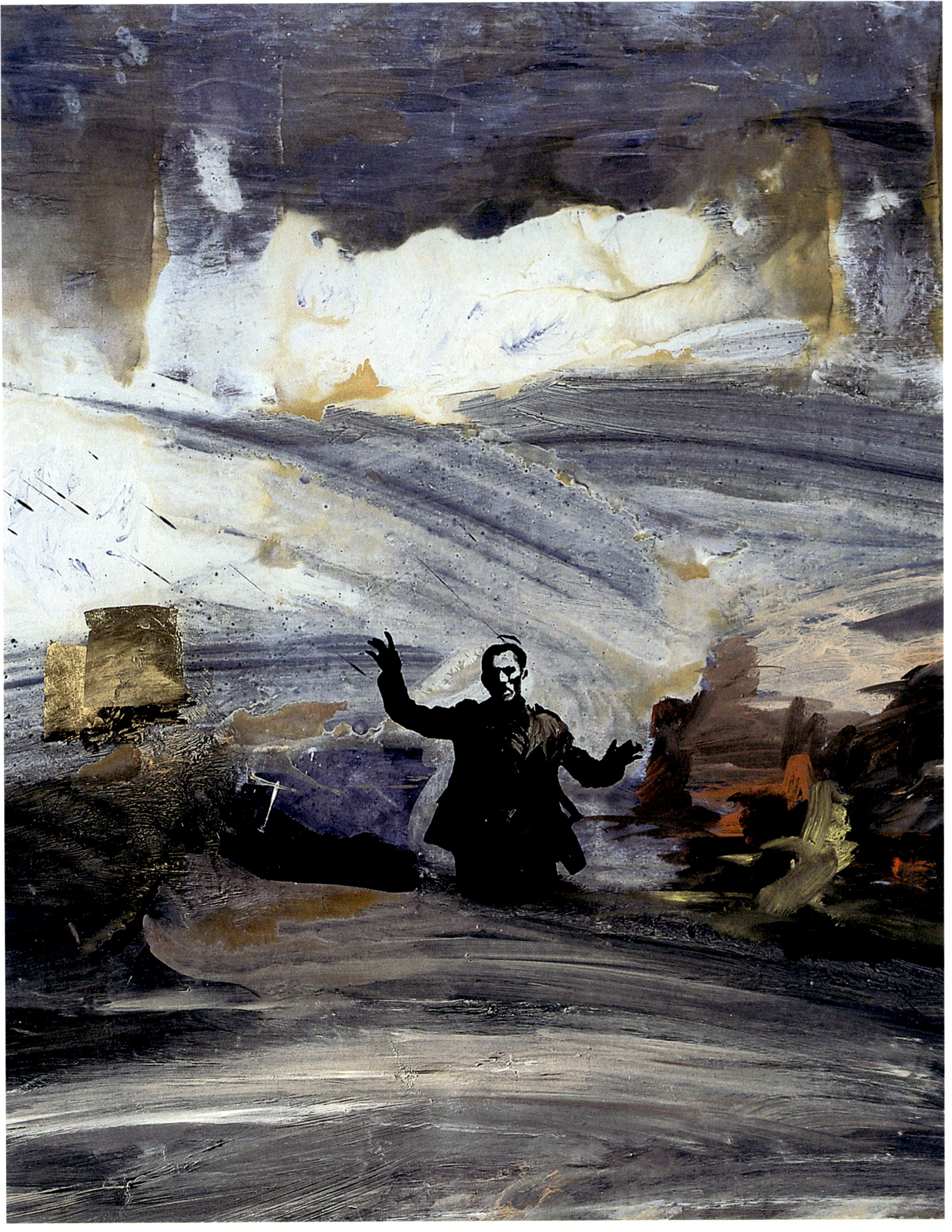

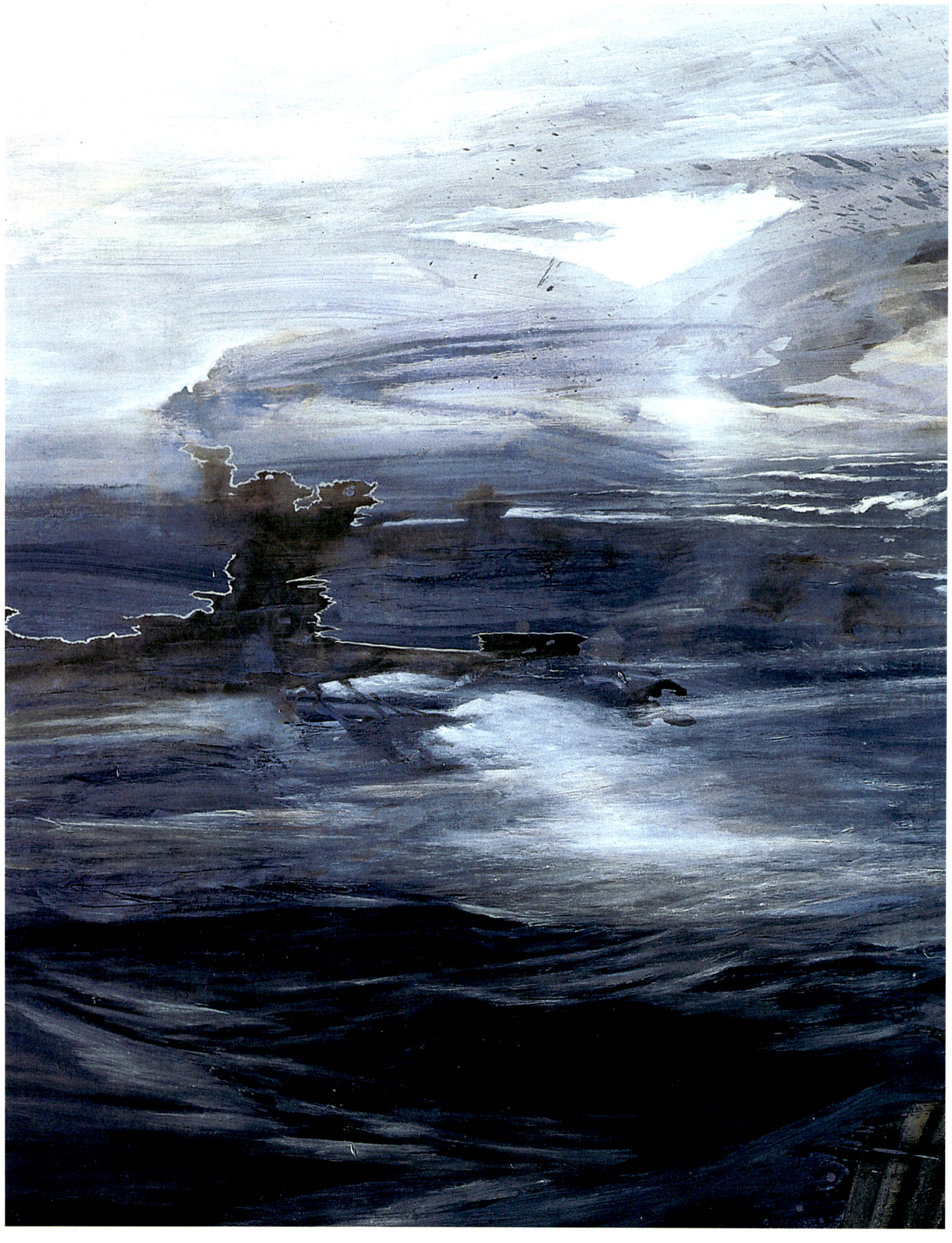

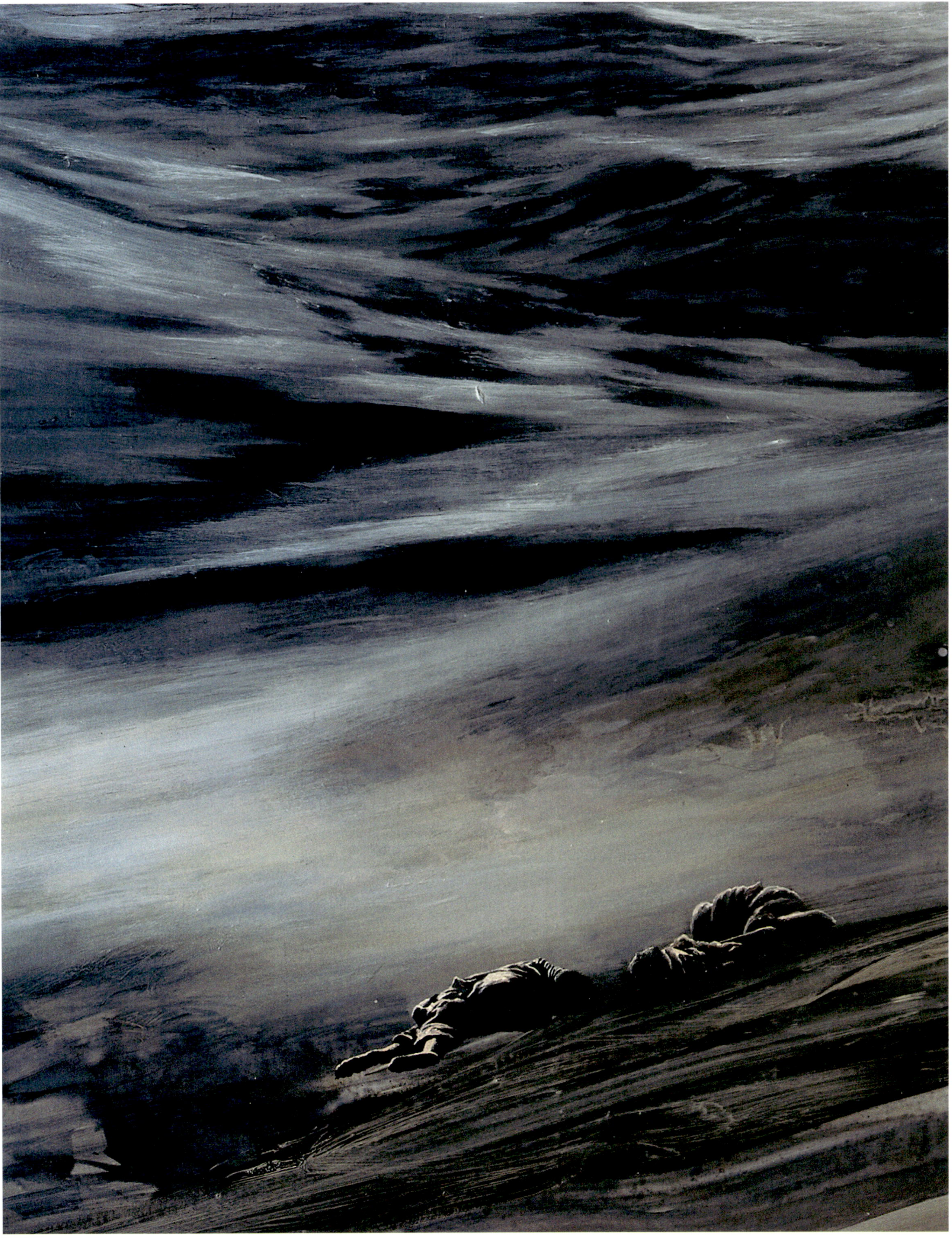

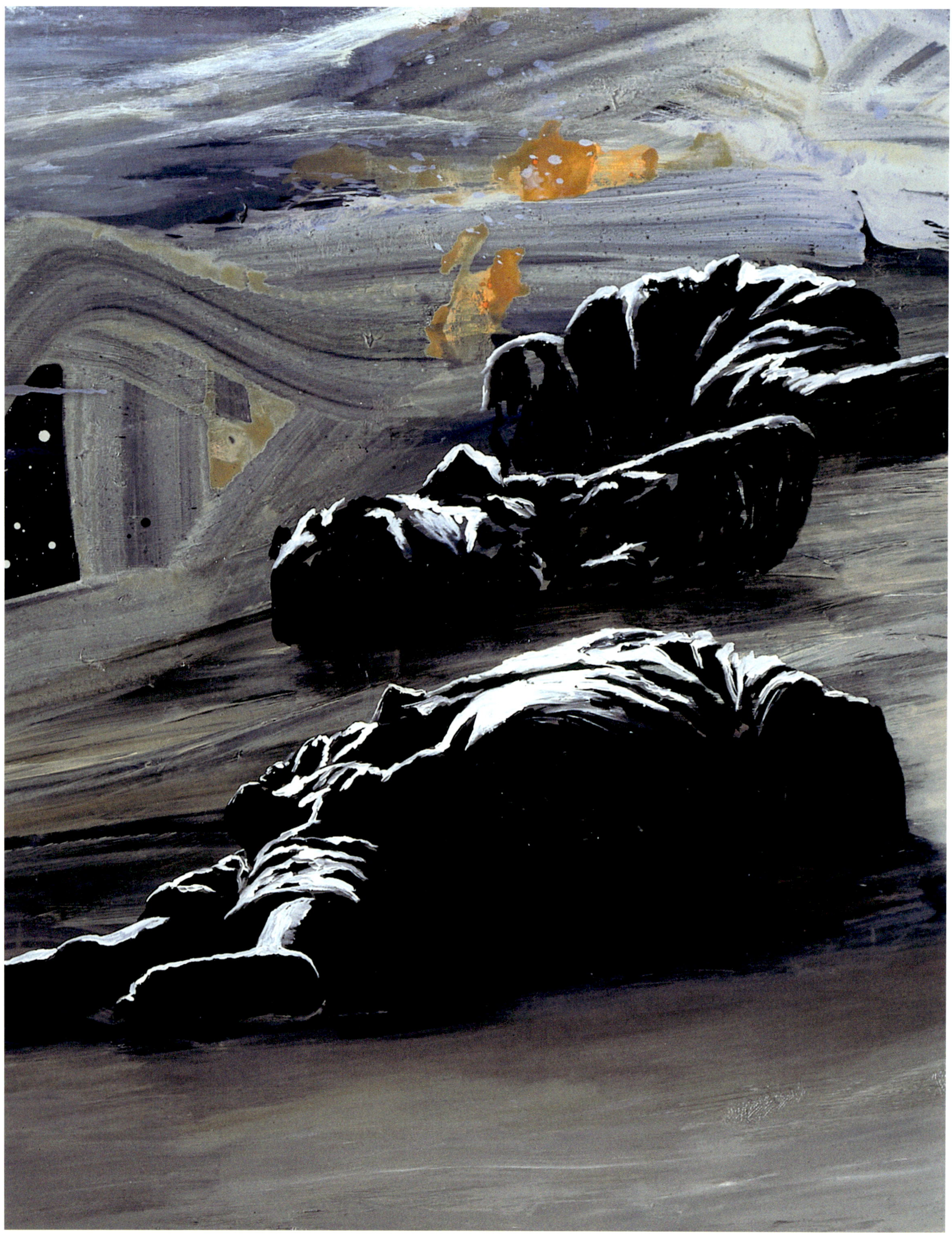

Just Give Me My Equality

2004–2005

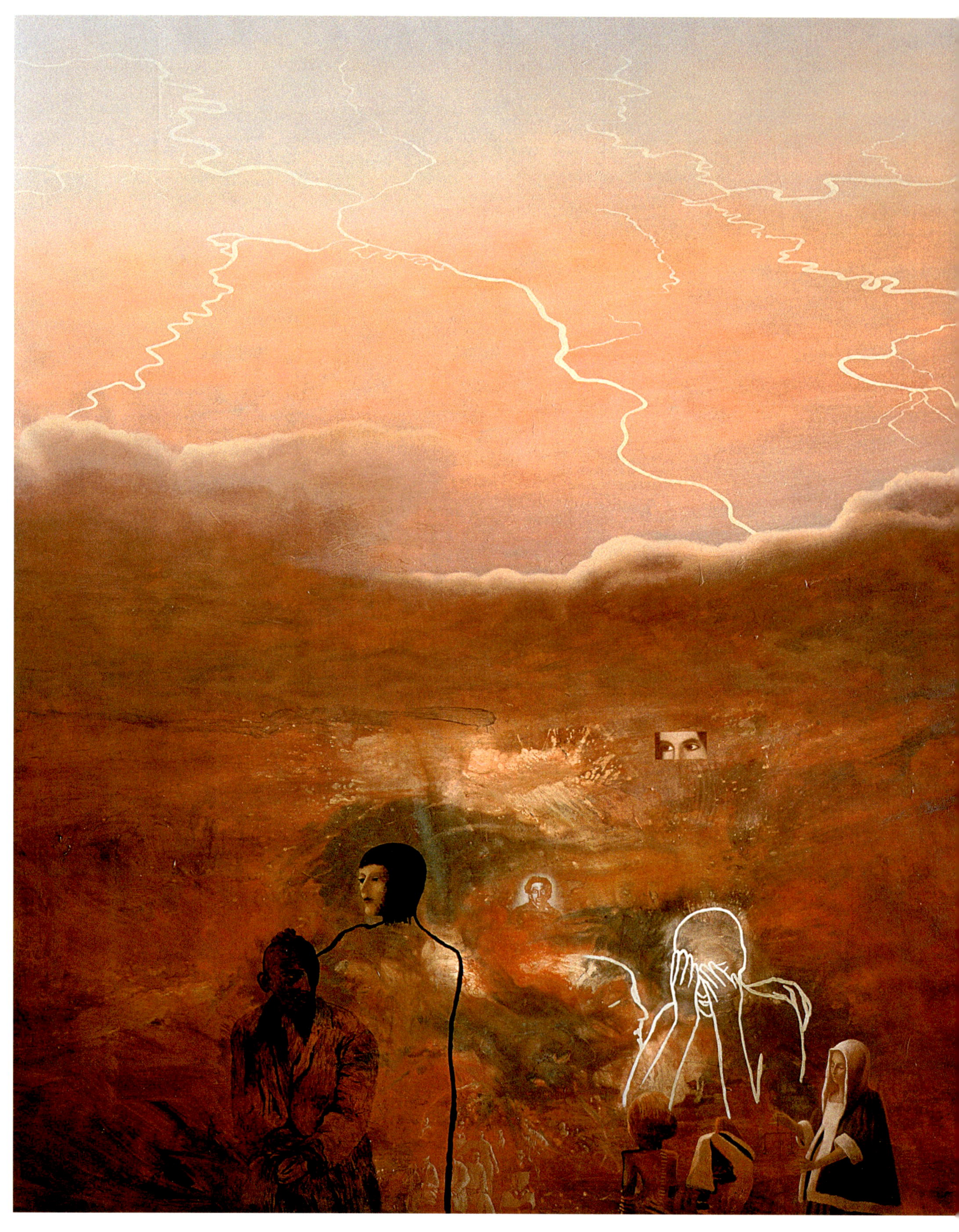

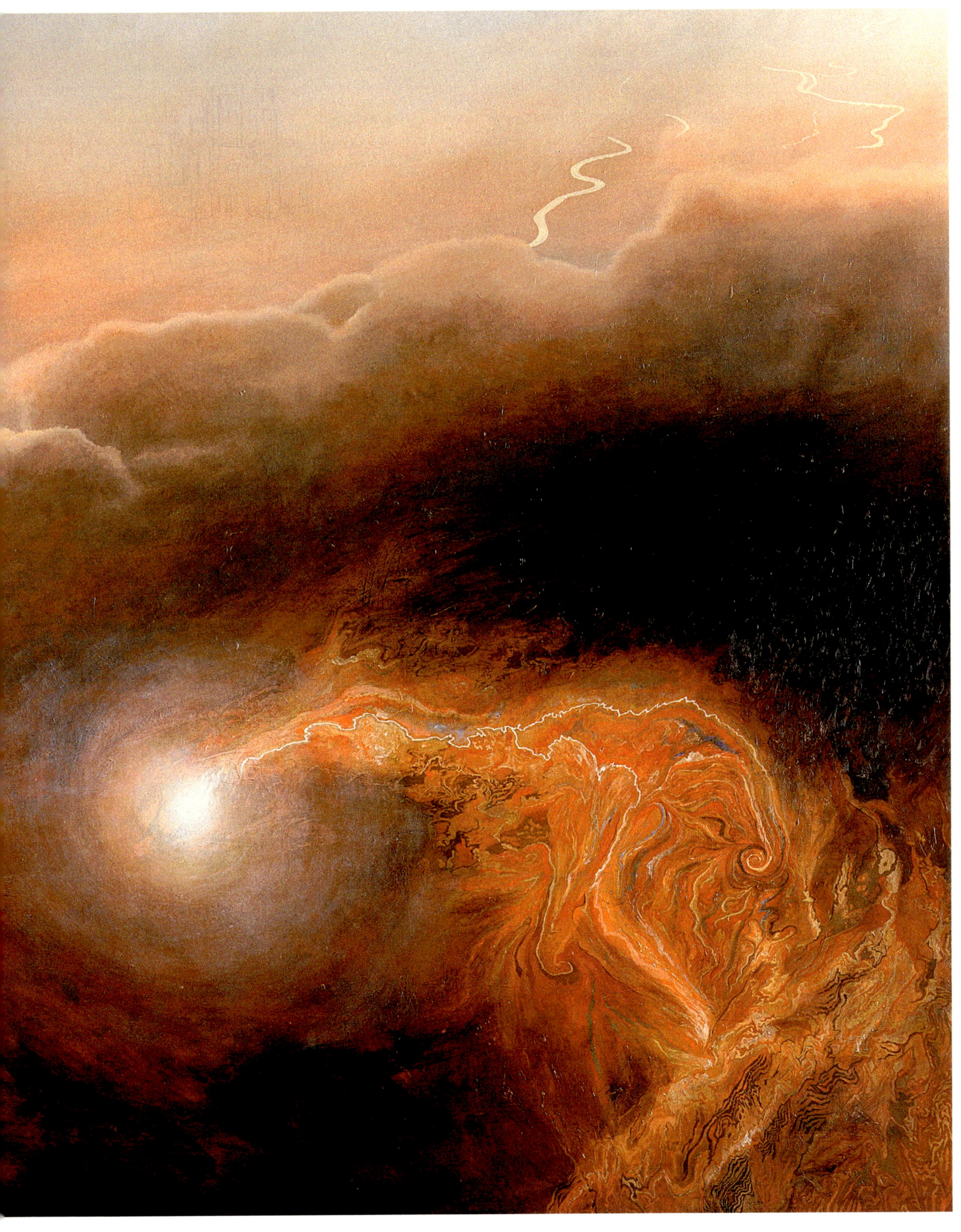

Gib mir doch meine Gleichheit

Die unwirklich erscheinenden Formen dieser Landschaft gleiten in einem rätselhaften Turnerschen Nebeldunst ineinander über und lassen sich nur schwer ausmachen. Im Hintergrund sieht es aus, als ließe sich die bunte Landschaftsvision wie eine Traube von Gewitterwolken wegziehen, um einer hellen, kahlen Ebene Platz zu machen, auf der sich dünne Flussläufe ins Unendliche verzweigen.

Die Menschenfiguren, die den untersten Teil des Gemäldes bevölkern, sind, was Stil, Größe und Schärfe betrifft, offenbar von demselben collagehaften Zufallsprinzip geprägt wie die der übrigen Werke. Der gedankenverlorene, dunkelhäutige Mann mit den Händen im Schoß trägt einen zerknautschten Kittel, der ihm das Aussehen eines Künstlers verleiht. Es könnte Pablo Picasso neben einem seiner unzähligen weiblichen Modelle sein. Die Frau sieht mit einem fernen, träumerischen Blick vor sich hin. Lediglich das Gesicht ist detailliert ausgeführt, der Körper selbst ist Kontur, Skizze geblieben, als befände sich die Figur in einer Grauzone zwischen der Phantasie des Künstlers und der Wirklichkeit. Das Künstlerpaar steht in Beziehung zu der Menschengruppe in der Schicht unterhalb der Frau, zum einen durch seine Platzierung und zum anderen, weil die Personen der Gruppe die gleiche etwas bohèmehafte Ausstrahlung besitzen. Rechts von der Frau ist in grellem Licht das übel zugerichtete Gesicht eines Mannes zu sehen, dessen dunkle Augen unter wirrem Haar hervor verängstigt auf den Betrachter blicken. Wie die Künstlergruppe unter ihm gleicht er einem Motiv aus einem alten aussortierten Pressefoto, dessen Ursprung niemand mehr kennt, so dass auch niemand mehr weiß, ob er Opfer oder Folterer, Terrorist oder Geisel ist.

Die gewaltsame Wolkenformation, das Lichtmeer und der Sonnenuntergang rechts sowie die gedankenverlorenen, ängstlichen und nicht zuletzt die trauernden Personen verleihen dem Gemälde einen Anflug von Untergangsvision, die von der Frau mit dem Gesicht aus Johannes Vermeer van Delfts Gemälde *Die Perlenwägerin / Frau mit Waage* (National Gallery of Art, Washington) noch hervorgehoben wird. Am Rande der künstlerischen und politischen Kämpfe für Emanzipation und Gleichberechtigung des 20. Jahrhunderts steht sie als unerschütterliche, klassische Figur da und zieht Bilanz. Die Künstlerin dieses Gemäldes wiederum betrachtet durch ein rechteckiges Guckloch aus privilegierter Position, mitten in der Landschaft und gleichzeitig von ihr getrennt, verschiedene Ausdrucksweisen ihres eigenen Jahrhunderts. Die Abendlandschaft unserer Zeit wird nach und nach in Richtung Horizont weggeschwemmt, um den erst vage gezeichneten Konturen einer unbekannten Zukunft Platz zu machen.

Just Give Me My Equality

The landscape in this painting seems, if possible, even less realistic than those of **Landskabet, senere** and **Opera.** This is an enigmatic Turneresque haze in which landscape forms melt into each other. In the background it looks as if this variegated landscape is letting itself be drawn away by a cluster of storm clouds, to make way for a bright bare plain with thin rivers that divide into infinity.

The lower part of the painting is populated by human figures whose style, size and sharp outlines seem to utilise the same random collage principle as the other works. The thoughtful, dark-complexioned man with his hands in his lap is wearing a creased smock that makes him look like an artist – perhaps Pablo Picasso. The female model by his side is looking ahead with a distant dreamy expression. Only the face has been painted in detail; the rest of her body is still just a contour, a sketch, as if she finds herself in the grey zone between the artist's imagination and reality. The couple are linked to the posed group of people just below the woman, partly by virtue of their location, partly because they have the same bohemian-like expression. To the right of the woman is seen the sharply-lit battered face of a wild-haired man whose dark eyes stare at us in fear. Like the artistic group below, he looks like a motif from an old abandoned press photograph of forgotten origins, so no one knows any more whether he was victim or perpetrator, terrorist or hostage.

The violent cloud formations, the sea of light and sunset on the right, together with the thoughtful, fearful and, not least of all, grieving people give the painting a tinge of Judgement Day, emphasised by the eponymous figure with the scales from the Johannes Vermeer van Delft painting *Woman Holding a Balance* (National Gallery of Art, Washington). In the midst of the modern age's artistic and political struggle for liberation and equality, she stands as a classical, unyielding figure, keeping score. From a privileged central position, yet separated from the landscape, the artist looks at various facets of her own century through a rectangular spy hole. Towards the horizon, the evening landscape of our epoch is gradually washed to one side to make way for the still, thinly drawn contours of an unknown future.

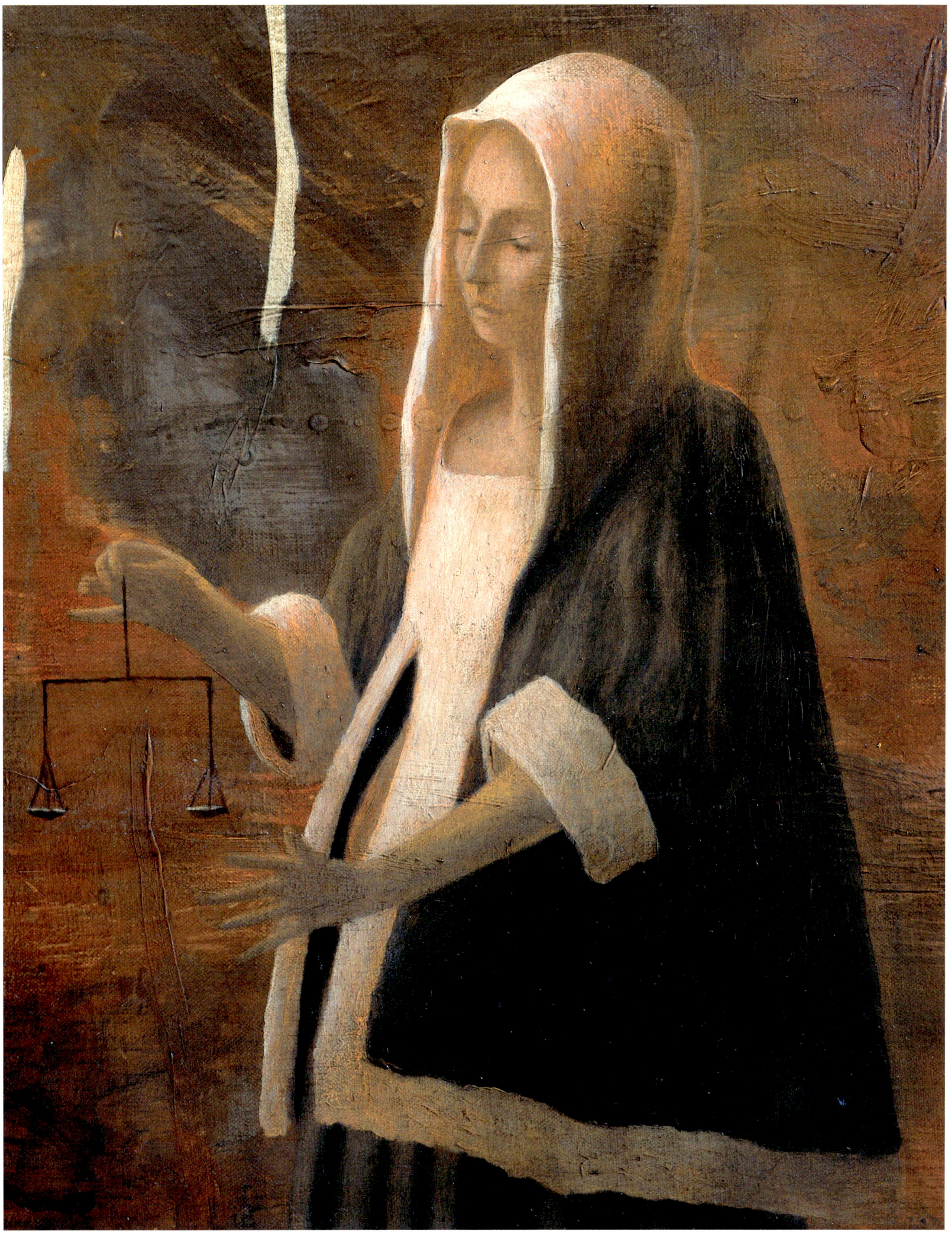

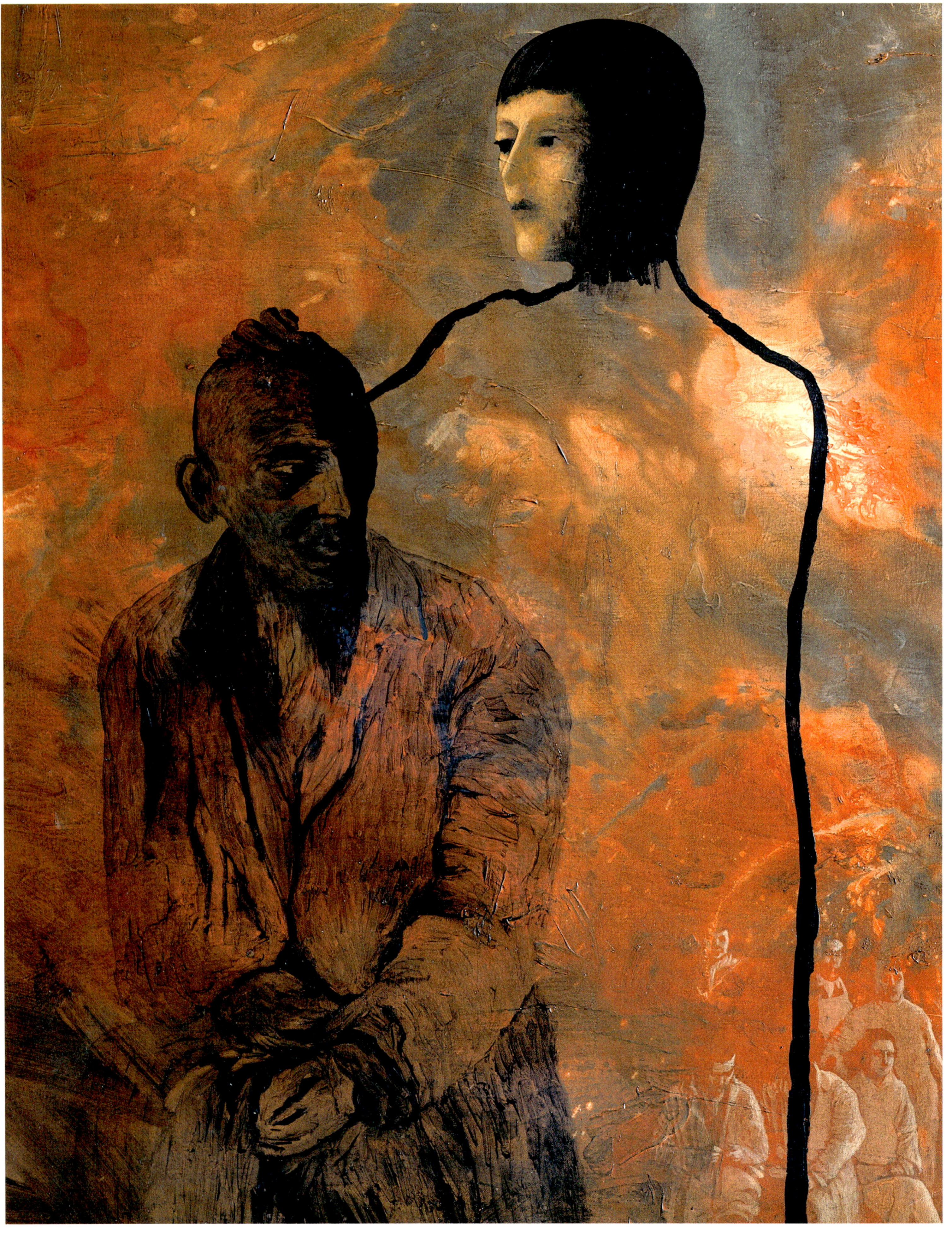

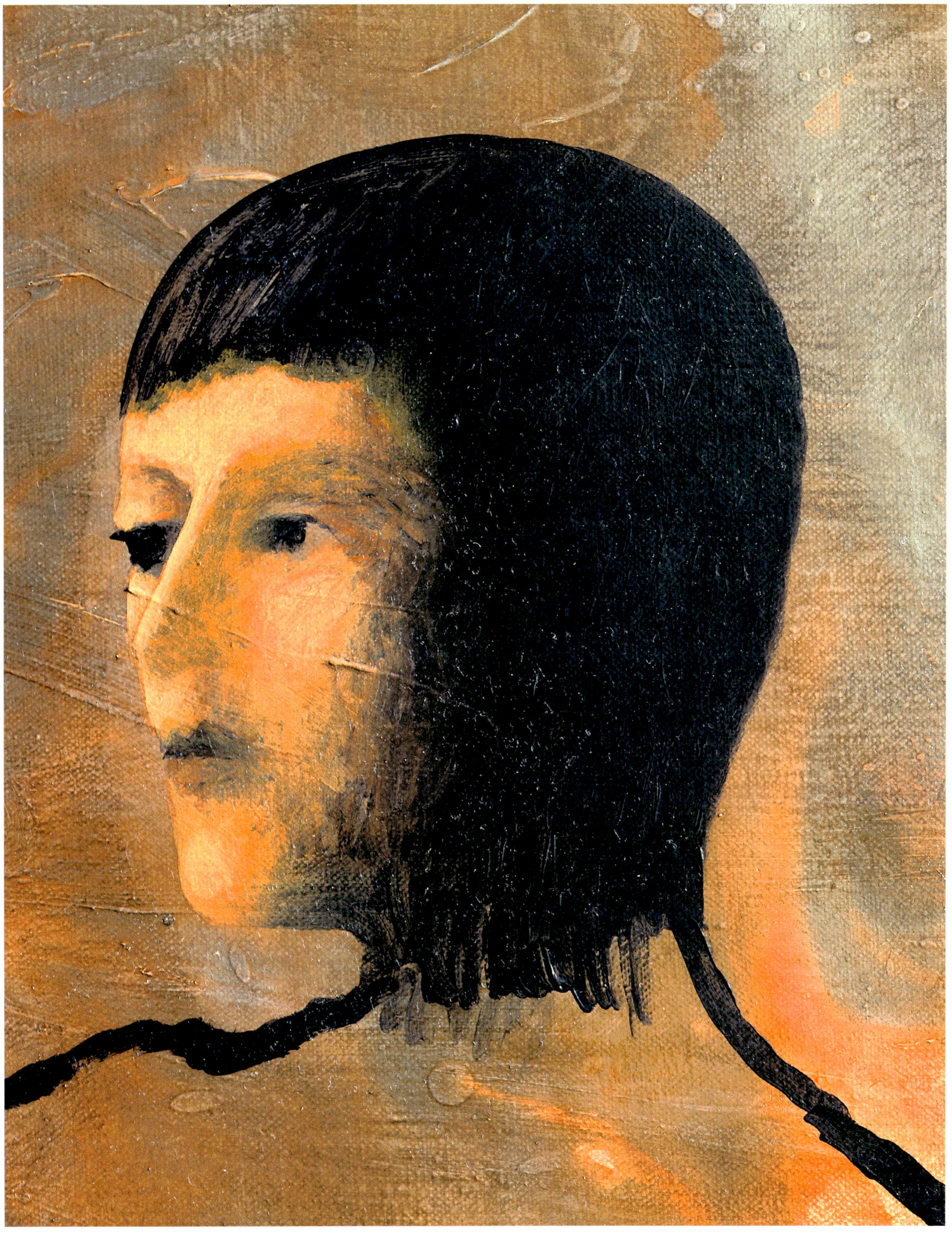

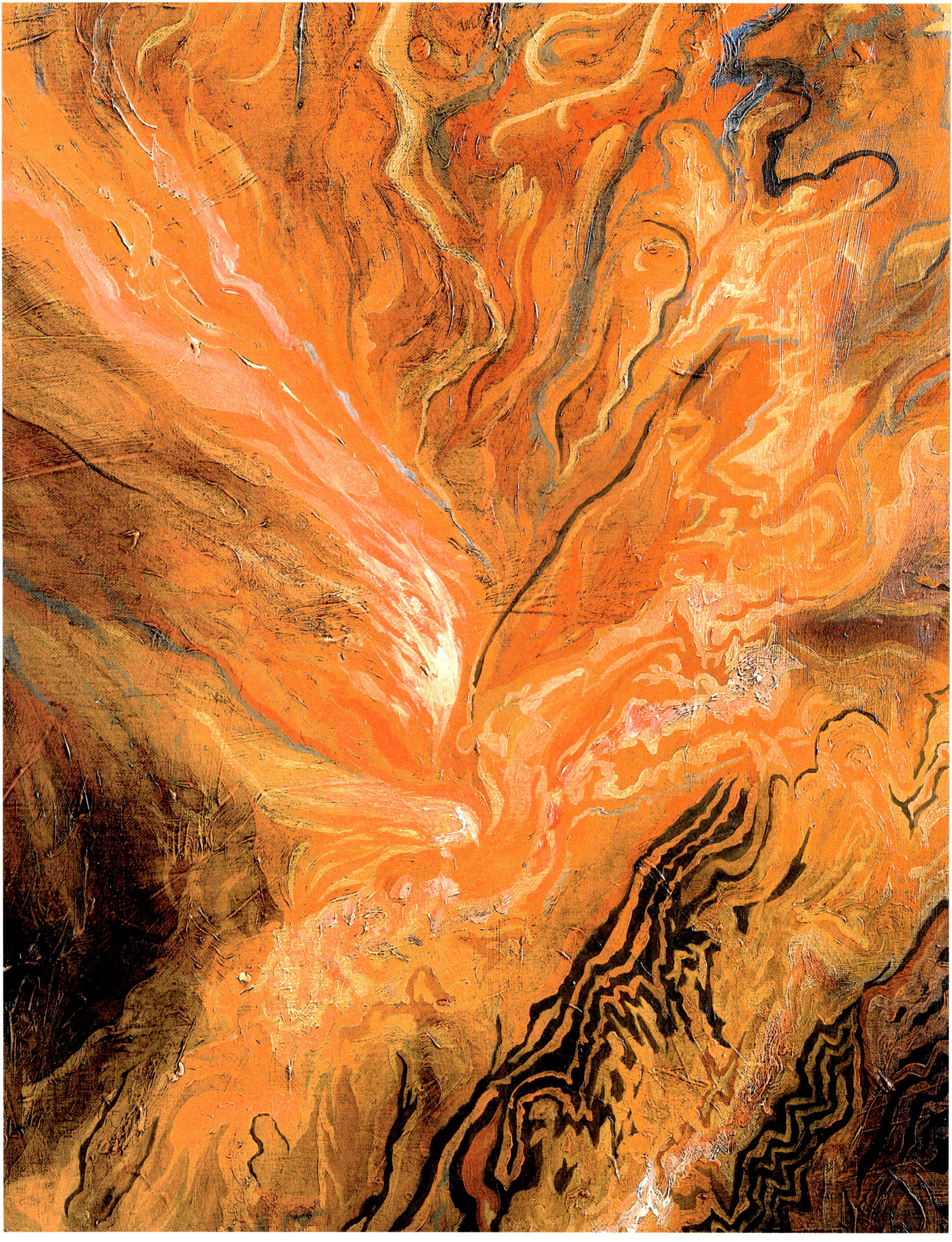

Opera 2005

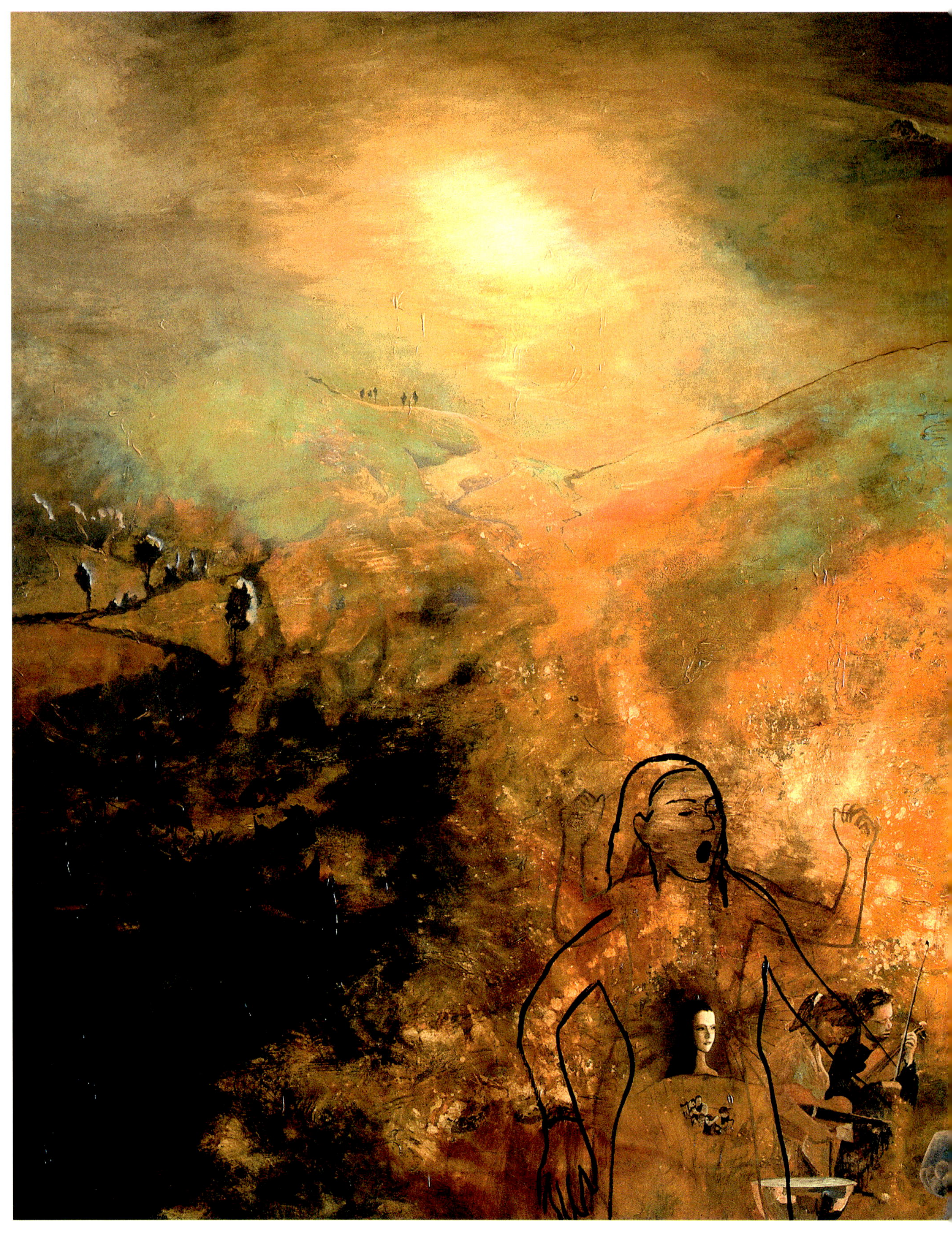

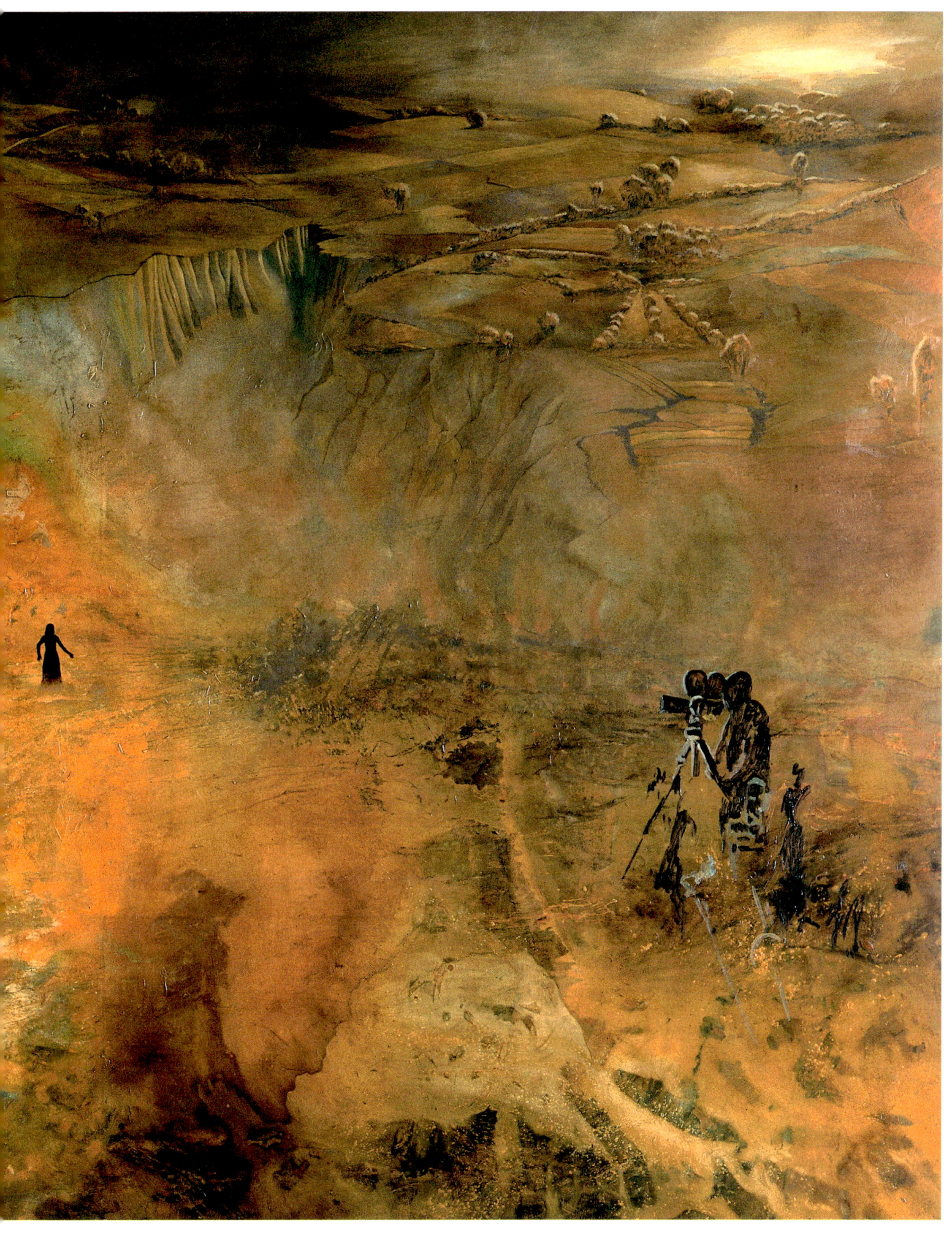

Oper

Opera

Wie in **Landskabet, senere** präsentiert **Opera** eine große, ocker-farbene Landschaft, die sich kahl zu einer hoch platzierten Horizontlinie hin erstreckt. Dieser panoramahafte Gesichtswinkel erinnert an die Kameraführung in einem Film, der sich seinem Ende nähert, und erlaubt uns, einen privilegierten Überblick über den komplexen Raum mit seinen vielen Details und Schichten zu gewinnen. Denn auch hier geraten nach und nach kleine Figuren und Motivfragmente in den durch das Universum des Gemäldes wandernden Blick.

Im Vordergrund ist eine Opernsängerin zu sehen, die ihre ewig junge Seele in den Raum hinaussingt. Ihre Figur wiederholt sich mitten im Gemälde als mikroskopisch kleine, schwarze Silhouette, die im Begriff ist, sich von der riesigen Landschaft verschlingen zu lassen. Links ist eine Gruppe Menschen zu sehen, die nah beieinander sitzen und sich aneinander anklammern. Sie wirken unglücklich, teilen aber ihr Leid, das vielleicht dadurch verursacht wurde, dass ein naher Verwandter leblos in der nackten Erde unter ihnen begraben liegt. Die Gruppe von Trauernden wird im Miniaturformat im Körper der Sängerin wiederholt, als wäre es deren unerträgliche Trauer, die sie durch ihren Gesang und ihre leidenschaftliche Gestik freisetzt. Aus einer Schicht unterhalb ihrer skizzenhaften Kontur tauchen zwei Musiker auf, die ihre Instrumente hervorgeholt haben, um ihren heftigen Gefühlsausbruch zu begleiten. Von rechts zeichnet ein Mann die Szene mit seiner Kamera auf, wobei er durch seine Platzierung und den Ausdruck journalistischer Nüchternheit an den schreibenden Jungen in **Landskabet, senere** erinnert. Seine Tätigkeit und der räumliche Abstand stehen im Kontrast zu den starken Gefühlen der übrigen Figuren.

Auch mit diesem Landschaftsgemälde knüpft Nina Sten-Knudsen an eine lange Tradition an. Die wiederholten visuellen Verknüpfungen von Gefühl, Musik und Landschaft erwecken den Eindruck, als würden Geschichte und Funktion der Landschaftsmalerei von der Renaissance bis heute einbezogen und inszeniert. Von Trauer und Trauma des Vordergrunds werden wir – wie die Sängerin – zu den heilenden Kräften der fernen Landschaft geführt, was unterstrichen wird durch die schwindende Kluft. Das Werk **Opera** ist eine visuelle Symphonie, die durch die Exponierung der dialektischen Gratwanderung von Einfühlung und Abstand das bleibend heilende Potential der Kunst illustriert.

Like **Landskabet, senere, Opera** presents us with a large bare ochre-coloured landscape stretching towards an elevated horizon. This panoramic viewpoint, reminiscent of camerawork in a film approaching its conclusion, allows us to have a privileged overview of this complex space and its many details and layers. Here again, small figures and fragmented motifs emerge gradually into view as we shift our gaze.

In the foreground is the opera singer, singing her ever-youthful heart out. Her figure appears again in the centre of the painting, this time as a microscopic black silhouette about to be swallowed up by the massive landscape. To the left is a group of people sitting closely together and clutching each other. They look unhappy, but seem to share their sorrow, which may result from the fact that a close relative is lying lifeless, buried in the bare earth beneath them. The grieving figures are repeated in miniature within the body of the opera singer, as if it is their unbearable sorrow she is projecting with her powerful voice and impassioned gestures. Two musicians appear from beneath her sketched contours, taking out their instruments to accompany her soulful expression of emotion. To the right, a man documents the scene with a camera. His position and journalistic precision associate him with the typing boy in **Landskabet, senere,** and his offside location and impassive activity contrast with the strong feelings of the other figures.

Opera is a visual symphony, which, by alluding to the space between empathy and disassociation, illustrates the eternal therapeutic potential of art. The picture's lines of perspective lead us, along with the opera singer, from the intrusive grief and trauma of the foreground towards the healing power of the distant landscape. Once again, Nina Sten-Knudsen picks up on a long tradition – with repeated visual couplings between feelings, music and landscape. It is as if the history and function of landscape painting, from the Renaissance to the present, is being presented to us upon a stage.

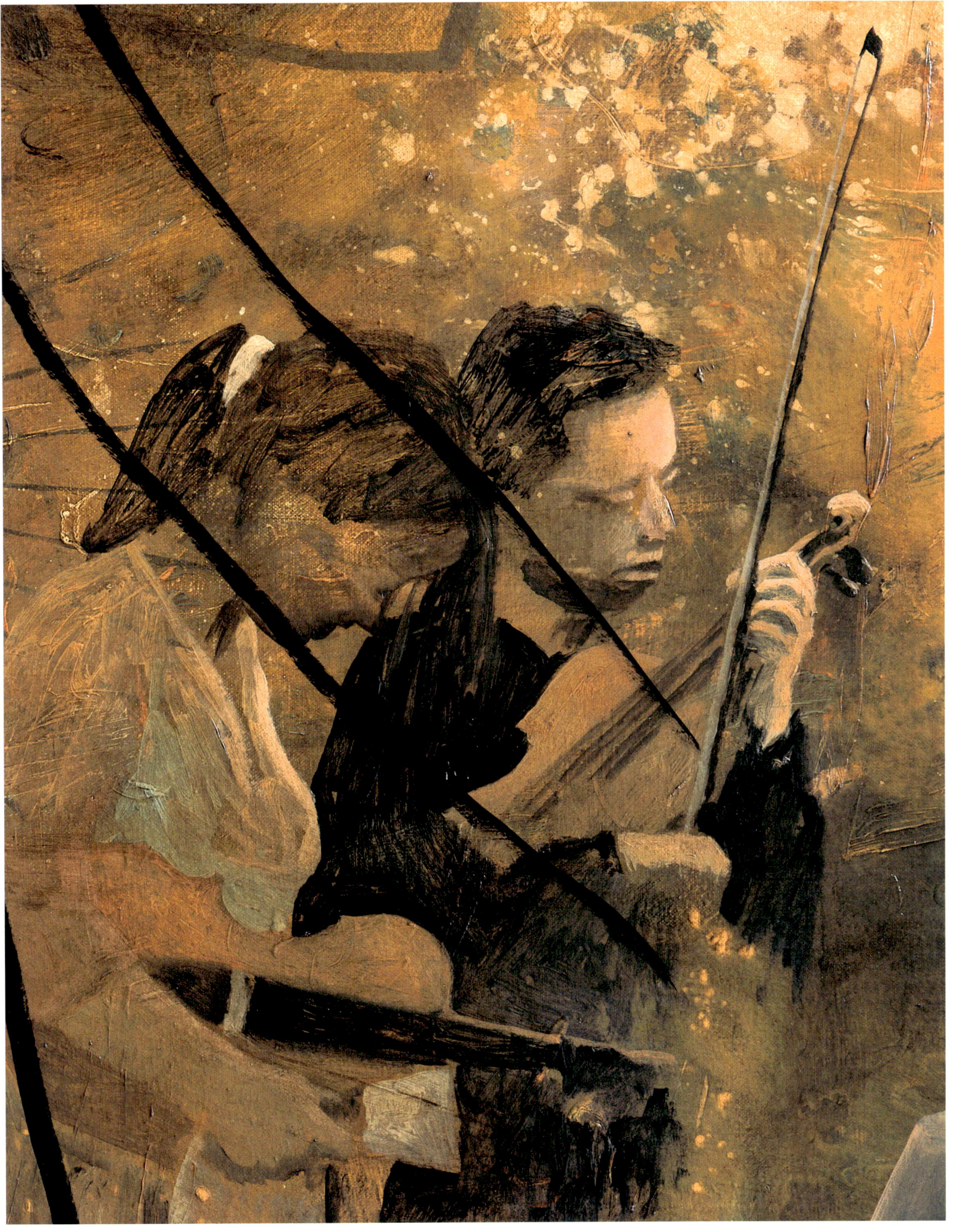

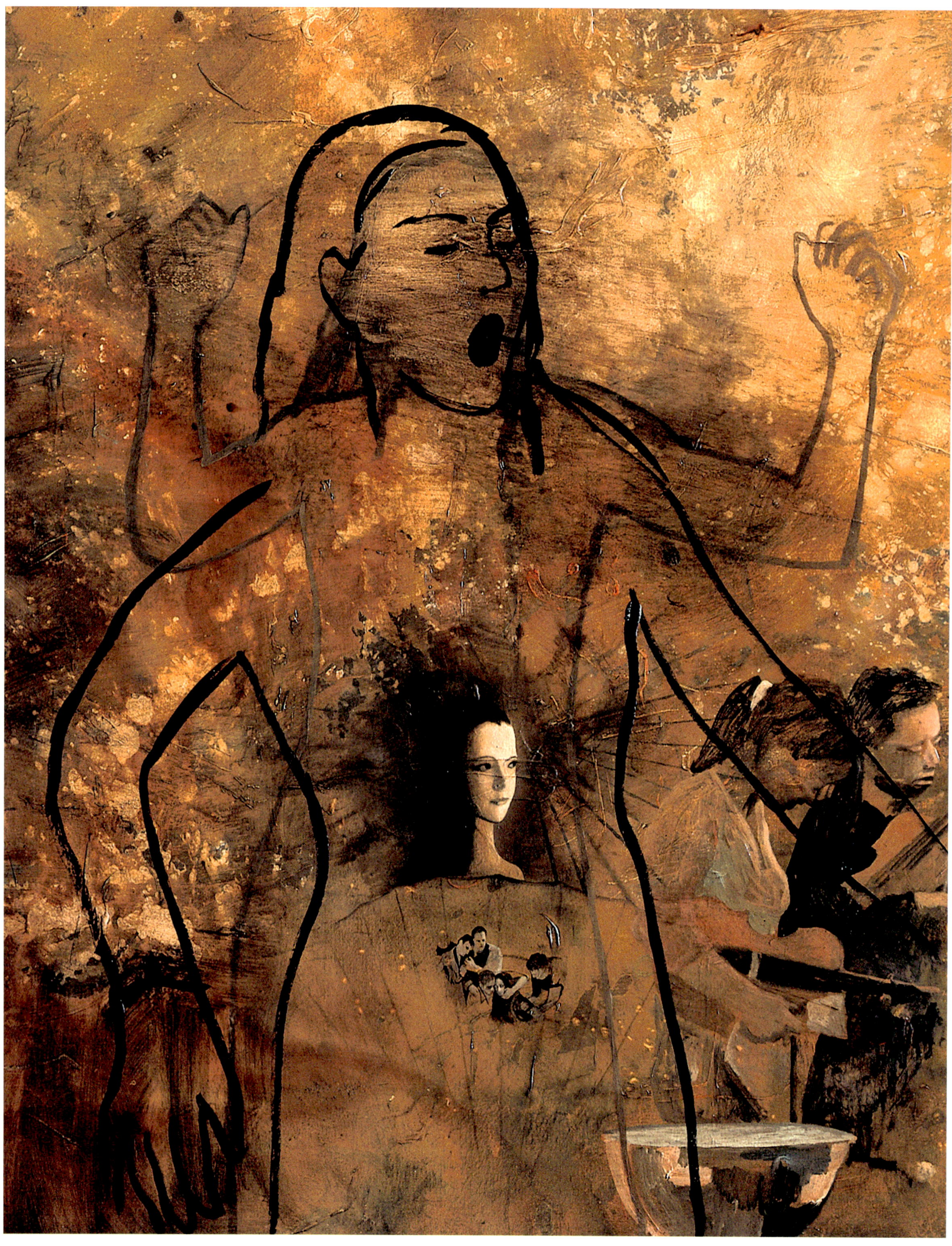

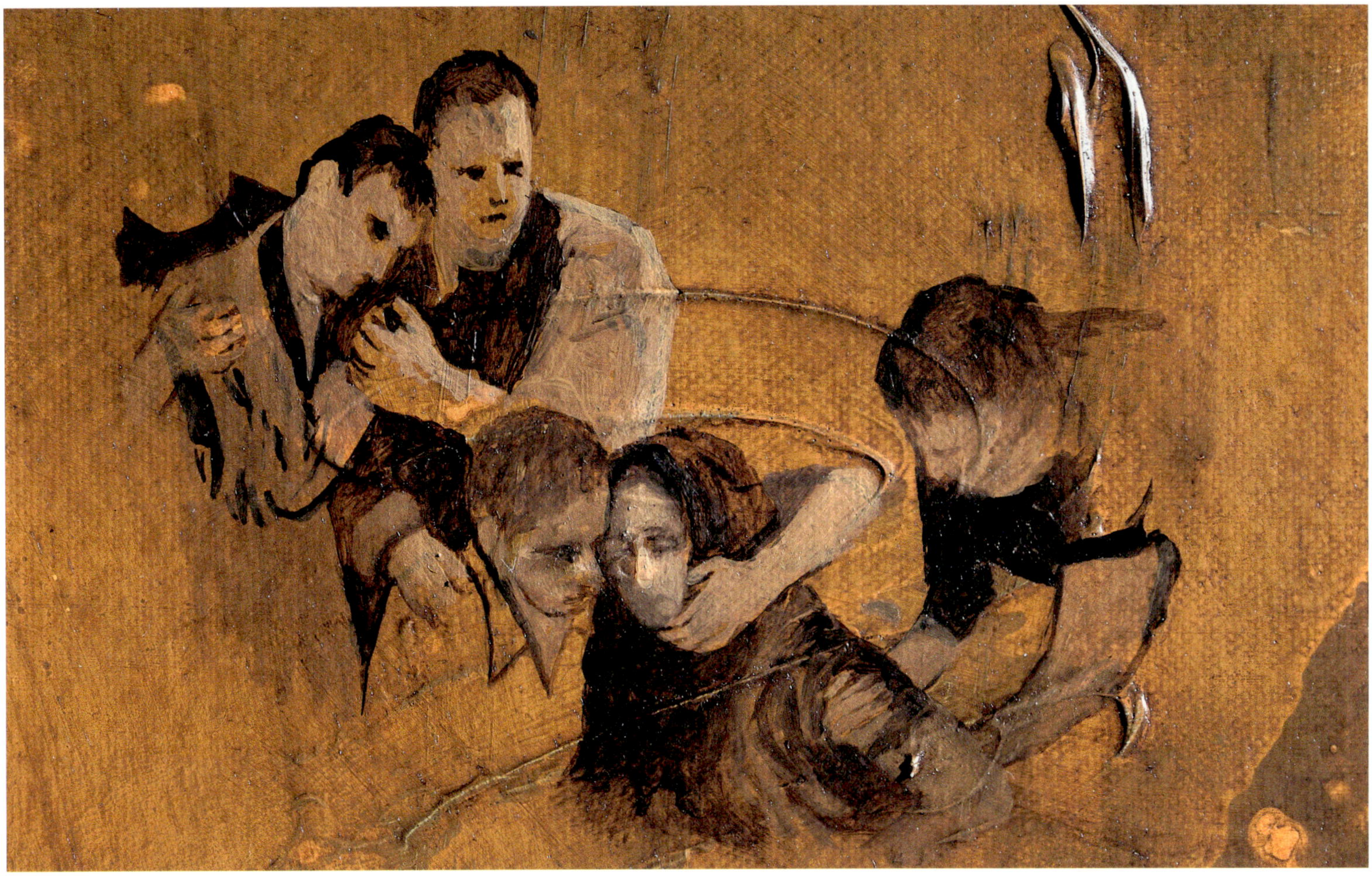

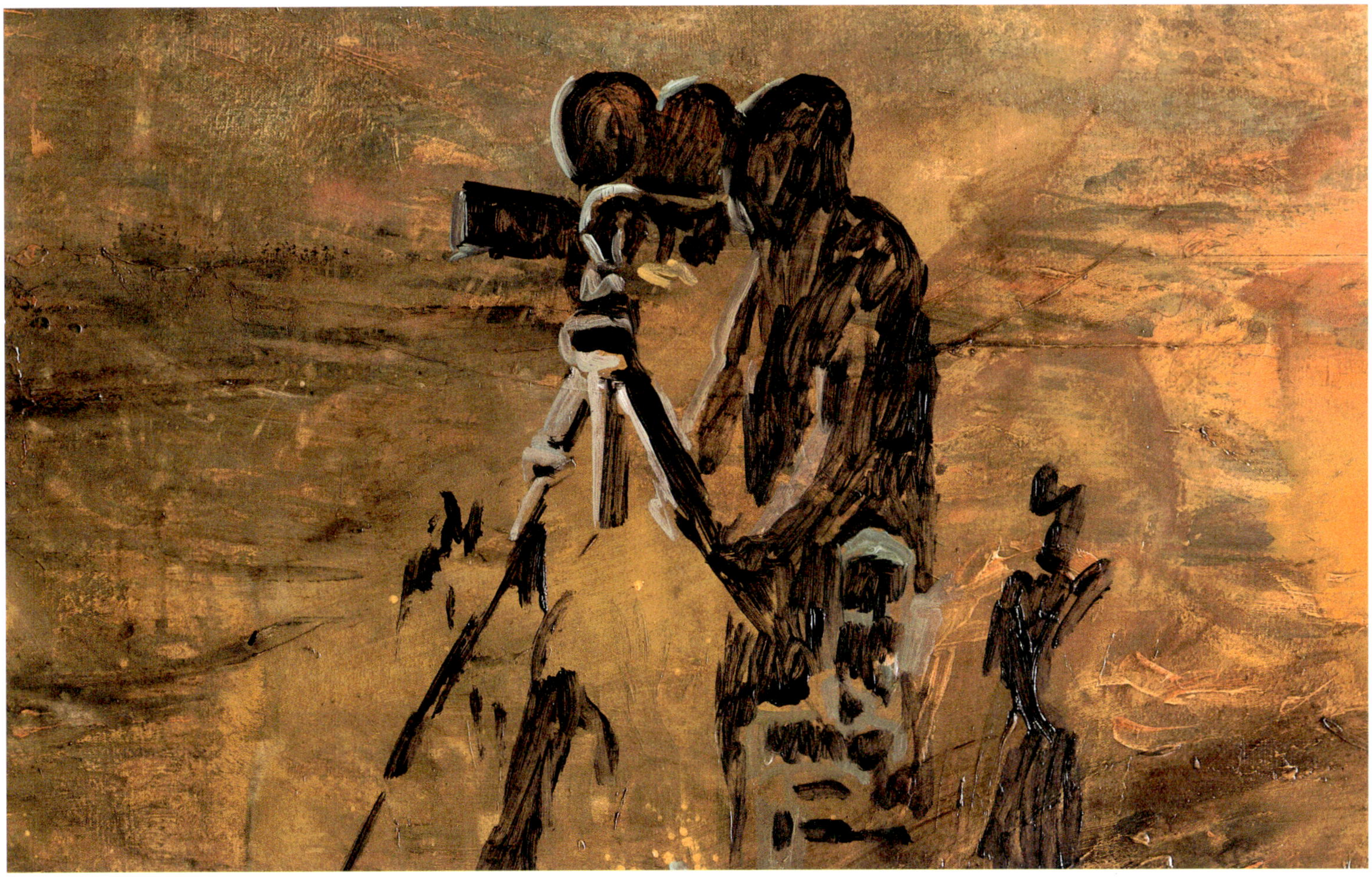

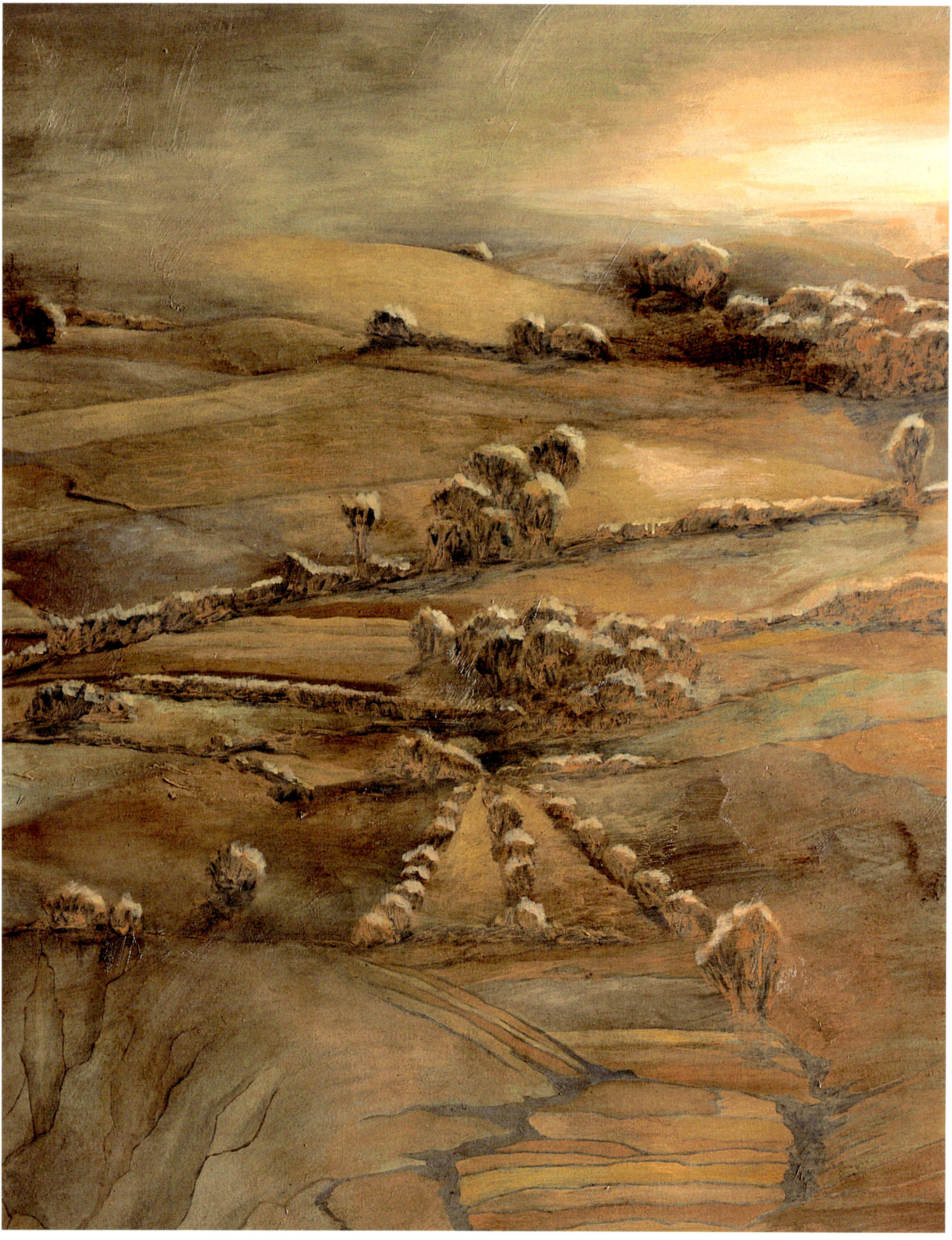

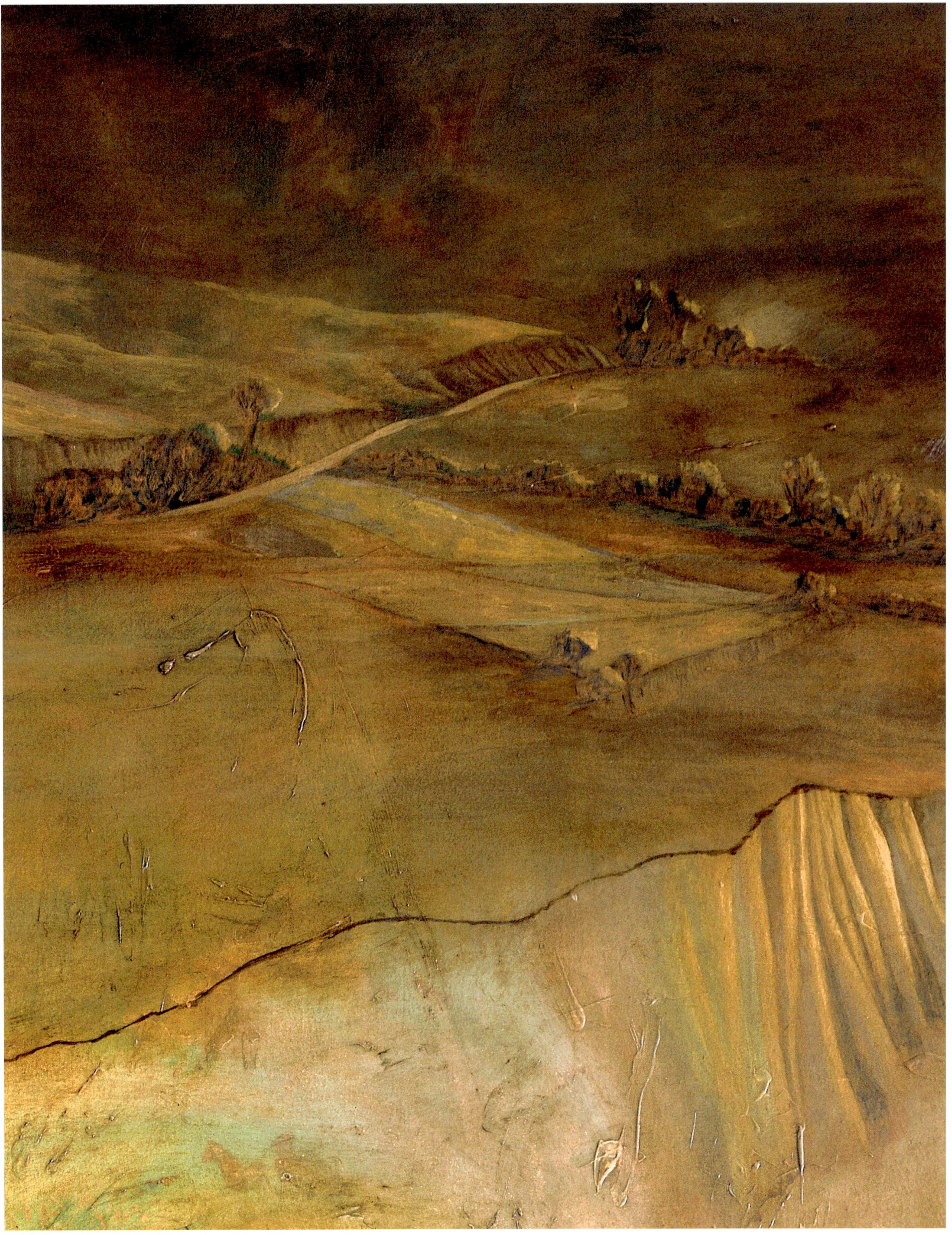

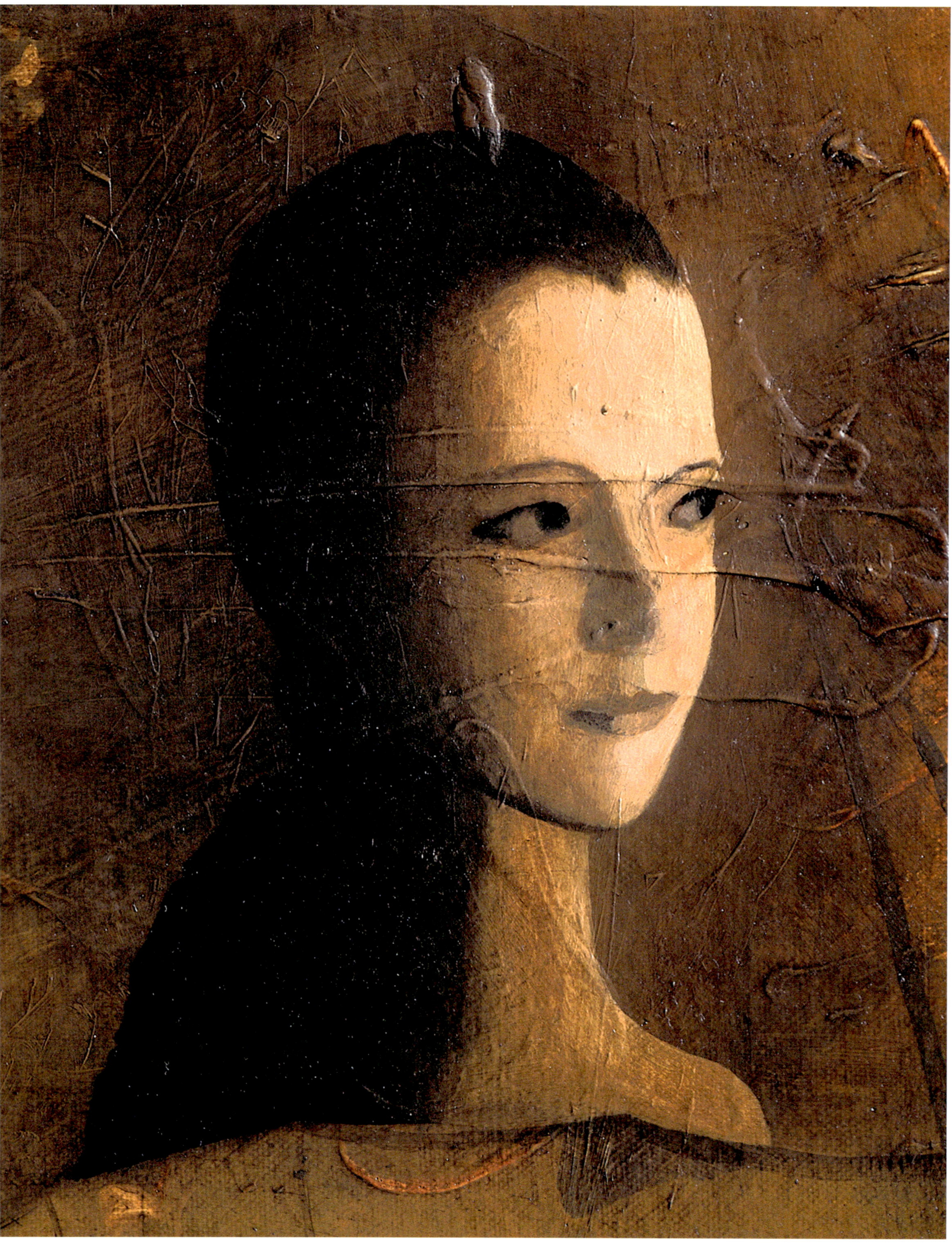

Balkon 2005

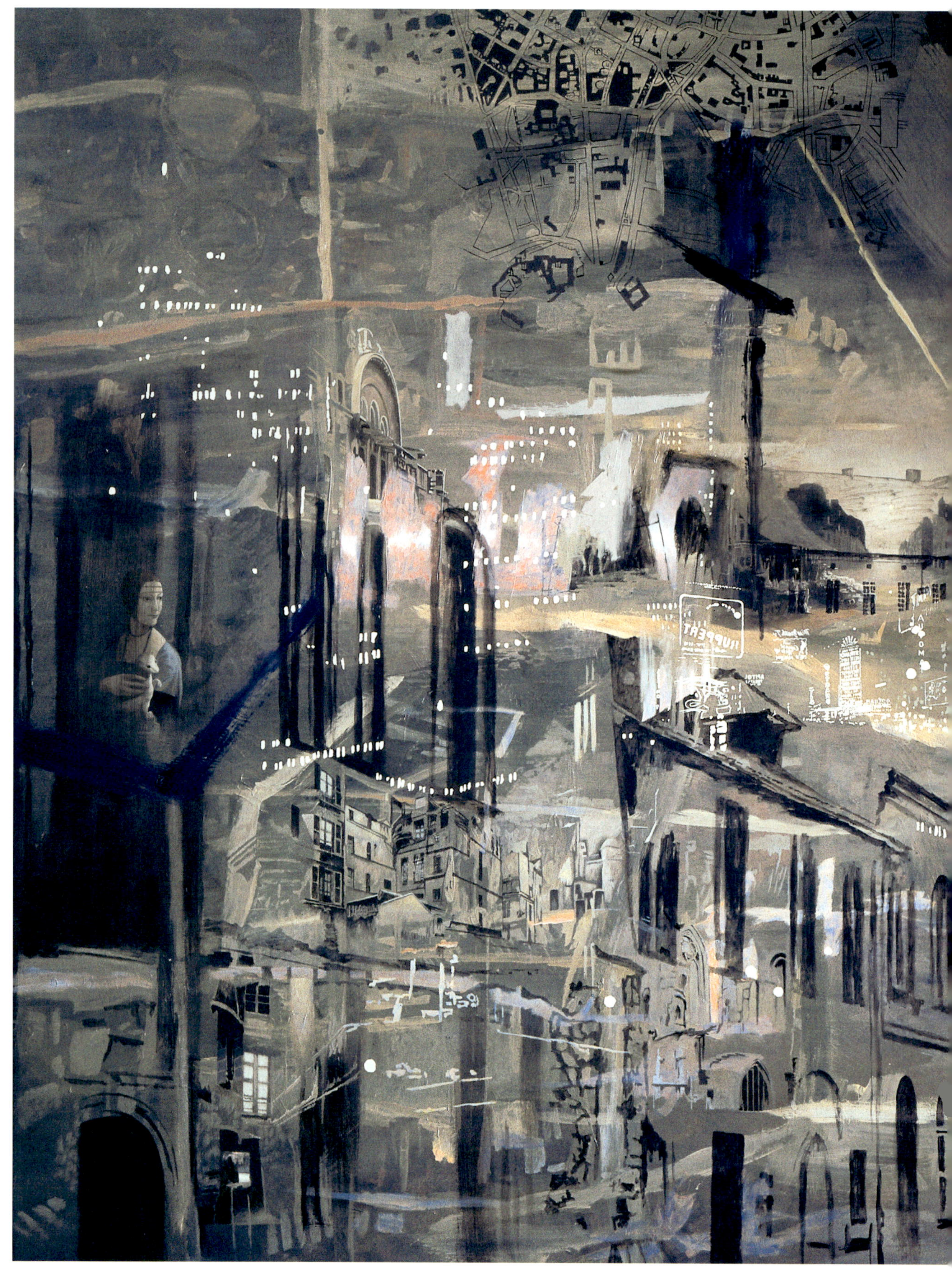

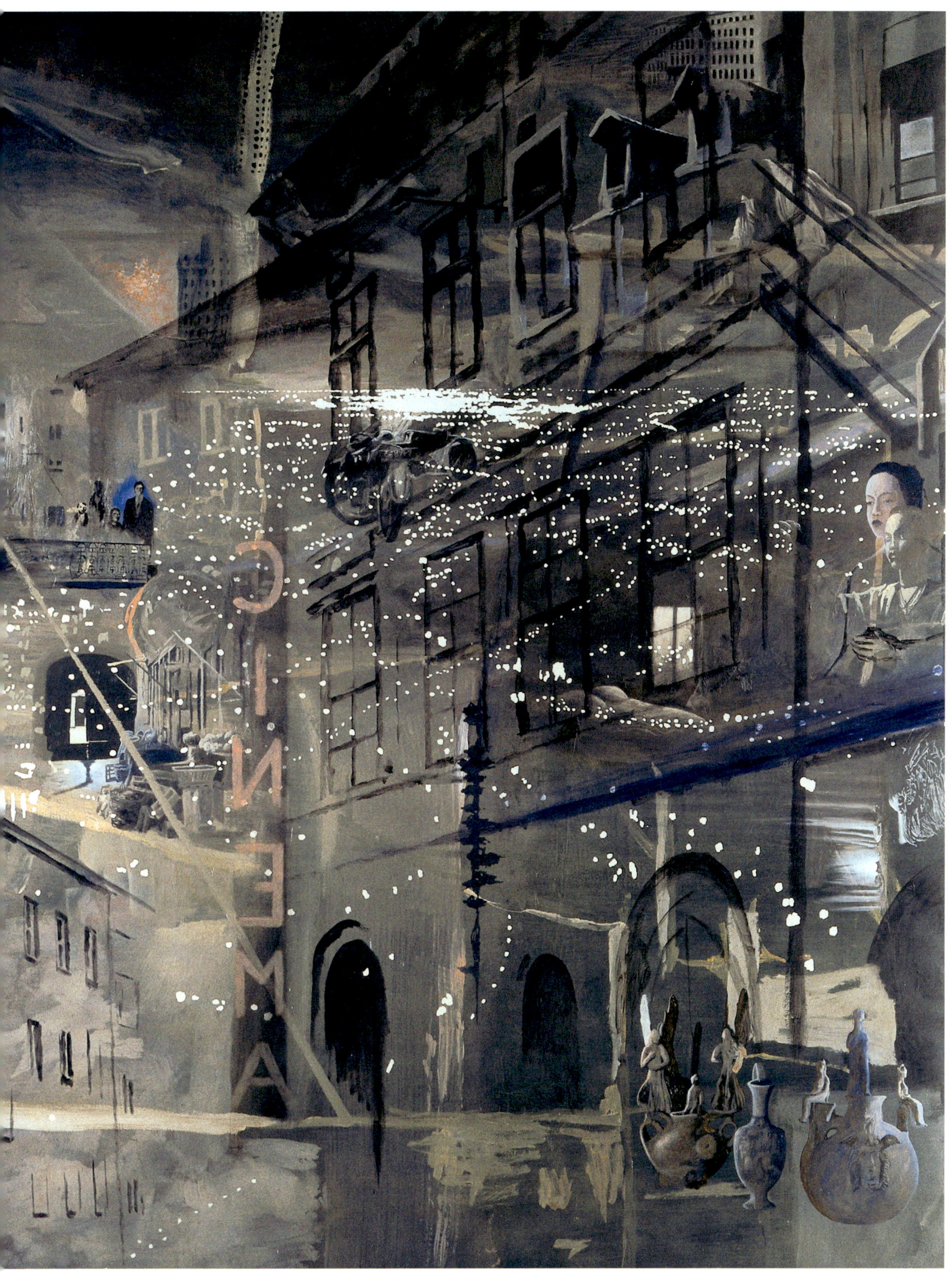
CINEMA

Balkon

„Die seltsame Vorstellung aber, dass es ein kleines Bild von etwas gibt, das schon in der Welt ist, verleiht dem Gemälde die Funktion einer Landkarte und zwingt uns, in dieser Landschaft umherzugehen."[1]

Fassaden, Straßen und Architekturfragmente aus dem historischen Zentrum einer Großstadt überlappen sich und stoßen in einer labyrinthischen Komposition zusammen, in der jedes einzelne Motiv seinen Fluchtpunkt besitzt. Der Blick wird hin- und hergeschickt in einem unüberschaubaren, vielschichtigen Raum. Er erweckt Assoziationen an die Skizzen römischer Ruinen, die Giovanni Battista Piranesi im 18. Jahrhundert malte. Es könnte sich um jede beliebige größere Stadt in Europa handeln, die Architektur und die kleine Karte zuoberst verraten jedoch, dass es das polnische Krakow ist. Hiermit wird noch ein weiterer Gesichtswinkel zu den unendlich vielen sich kreuzenden Perspektiven hinzugefügt, denn mit der kartografischen Repräsentation schwebt der Betrachter hoch oben in der Luft über allen Straßen und Gassen, genau wie die Personen auf dem Balkon, nach dem das Werk benannt ist. Mehr noch als die Karte enthüllt Leonardo da Vincis *Die Dame mit dem Hermelin* in der linken Seite des Gemäldes die geografische Platzierung des Motivs, denn dieses Bild hängt in Krakow (Muzeum Narodowe). Hier ist Leonardos Figur wieder zum Leben erweckt worden und betrachtet als scheue, junge Dame mit erhabenem Staunen aus ihrem Fenster das Chaos der Stadt, des Lebens und der Geschichte.

Die roten Neonbuchstaben bilden das Wort CINEMA. Damit wird ein Thema angeschlagen, das für die Darstellung von großer Bedeutung ist. Im Gegensatz zu einem Standfoto, das den Betrachter an eine stillstehende Position vor dem Motiv bindet, kann der Film mit seiner Beweglichkeit genau die Vielfalt von Räumen produzieren, die von der polyfokalen Malerei angestrebt wird. Deshalb ahmen der Film und nun auch die Malerei besser als jedes andere Medium die planlosen Kreuzschwenks der menschlichen Erinnerung nach. Denn dies hier ist eine Großstadt, wie sie in der Erinnerung auftritt, in der ein Bild hastig dem anderen nachfolgt und ein berühmtes Gemälde denselben topografisch assoziativen Effekt hat wie eine Landkarte. **Balkon** strahlt eine romantische Melancholie aus, verstärkt durch die beharrliche blaue Farbe hinter der kleinen Gruppe auf dem Balkon, die auf die Verwüstungen und die Monumente blickt, die der unerbittliche Gang der Geschichte hinterlassen hat. Piranesis antike Bauwerke sind ersetzt durch die moderne Ruine, die durch ihr planloses Auftauchen in unserer Erinnerung niemals aufhören wird zu existieren.

Balcony

"But the strange notion that there exists a little picture of something that is already in the world imbues painting with a mapping function: the painting as a map of the landscape, within which we are compelled to move about".[1]

Façades, streets and architectural fragments from a historical city centre overlap and collide in a labyrinthine composition in which each individual motif has its own vanishing point. The viewer's gaze is sent hither and yonder through a boundless layered space that triggers associations with Giovanni Battista Piranesi's sketches of Roman ruins in the 18th century. It could be any large city in Europe, but the architecture and the map at the top reveal that this is Krakow. This adds yet another angle to the infinite array of criss-crossing perspectives, for the cartographic representation lifts the viewer up into the air, high above streets and alleyways, just like the people on the balcony that gives the work its title. Like the map, Leonardo da Vinci's *Lady with an Ermine* on the left is revealing of the geographic location: this painting hangs in the Polish city (Muzeum Narodowe, Krakow). Here, she is brought to life as a shy young woman who looks down with great wonder from her window at the chaos of the city, of life and of history.

Red neon letters form the word CINEMA, introducing an association of great significance. Unlike the still picture, which locks the viewer into a stationary position, the movement of film is capable of producing precisely that spatial diversity that the polyfocal painting strives to achieve. So film – and now the painting – resembles more closely than any other medium the random cross-cutting of human memory. This is a metropolis as it exists in memory, where one picture quickly replaces another and a famous painting has the same topographical associations as a street map. **Balkon** glows with romantic melancholy, emphasised by the insistent shade of blue behind the little group on the balcony, who look out upon the merciless ravages of history and the monuments left behind. Piranesi's antique buildings have been replaced by modern ruins, whose random intrusion into our memory guarantees they will never cease to exist.

1   Sten-Knudsen, Nina: Wave, Ausstellungskatalog | Exhibition catalogue, DCA Gallery, New York 2002, S. | p. 2.

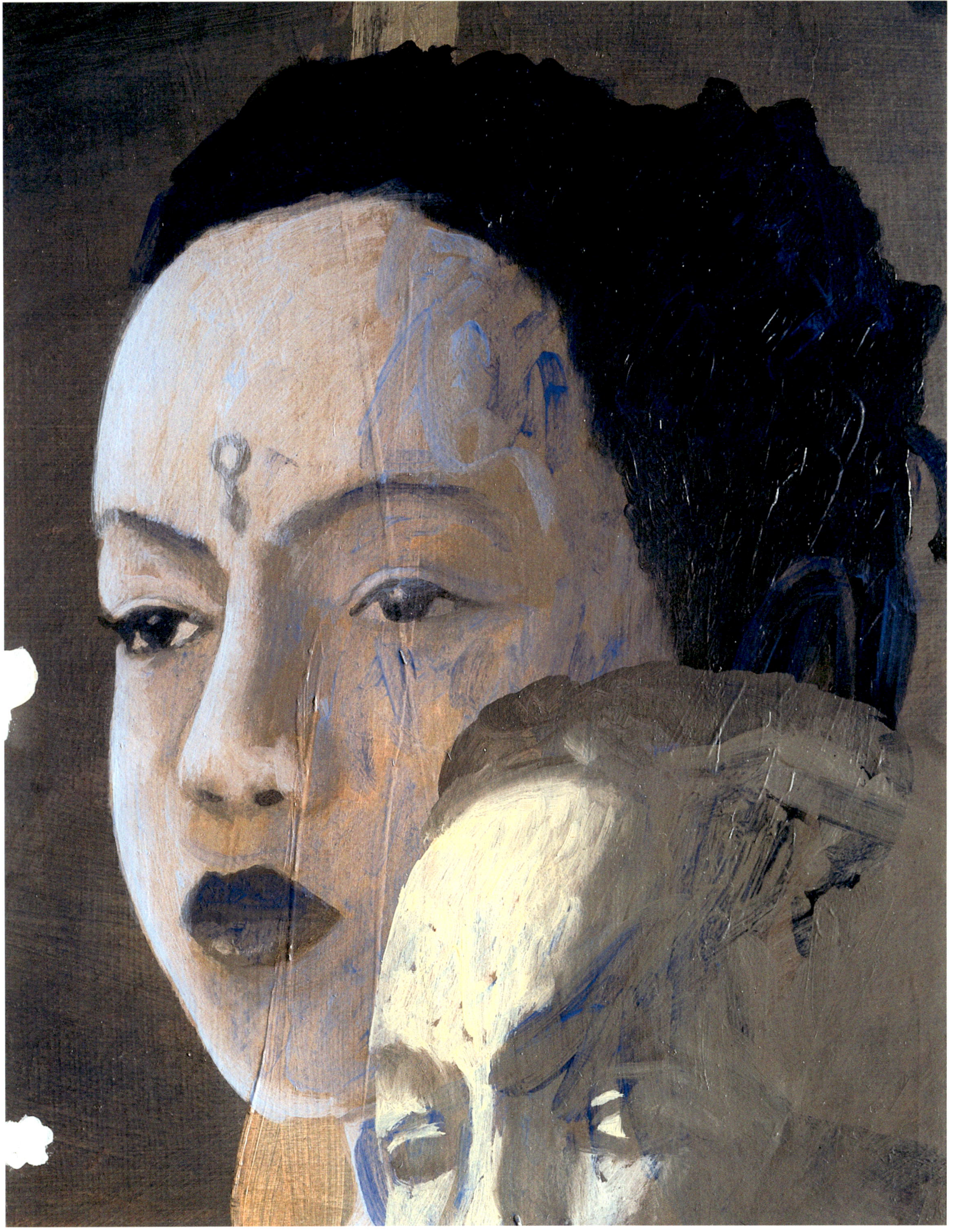

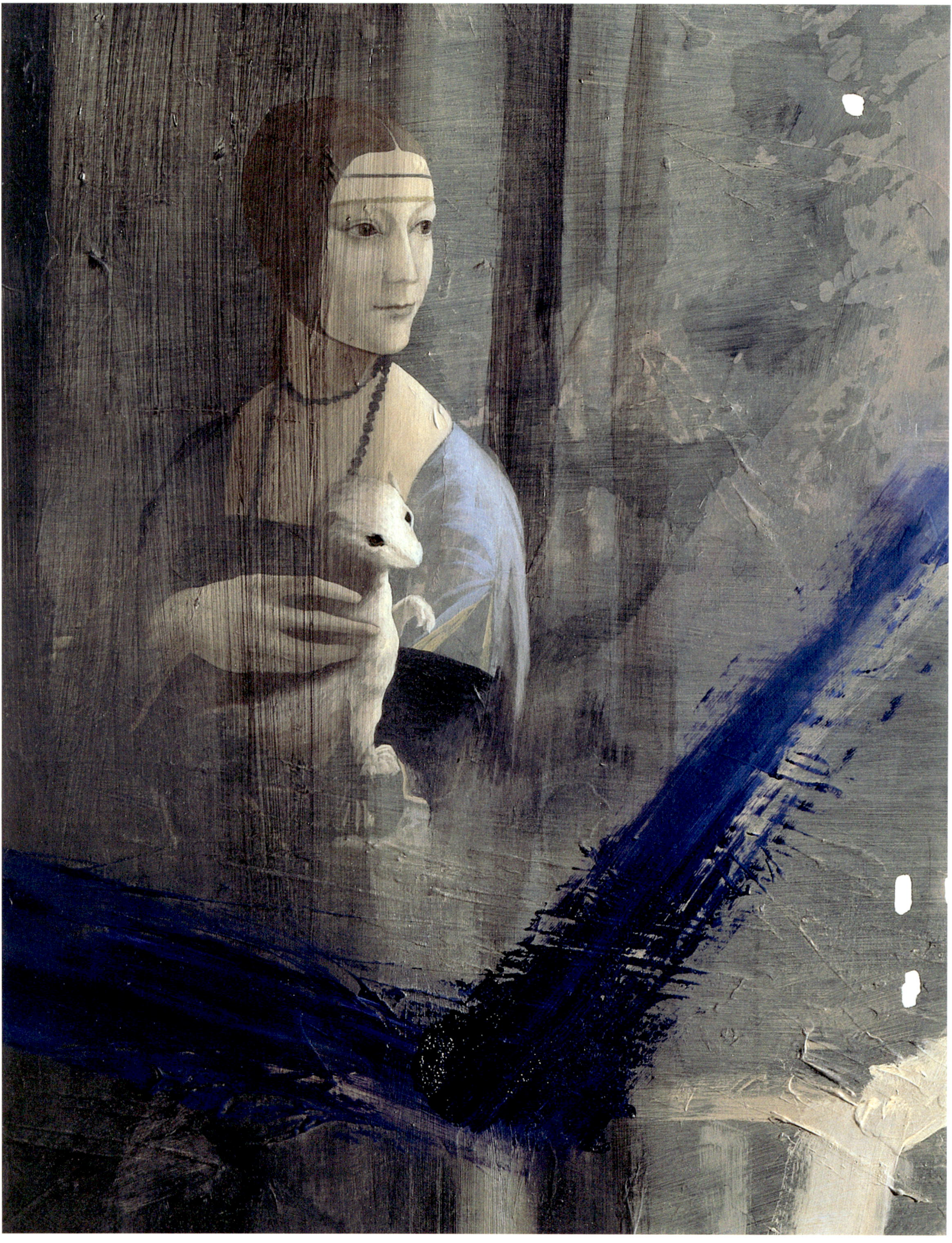

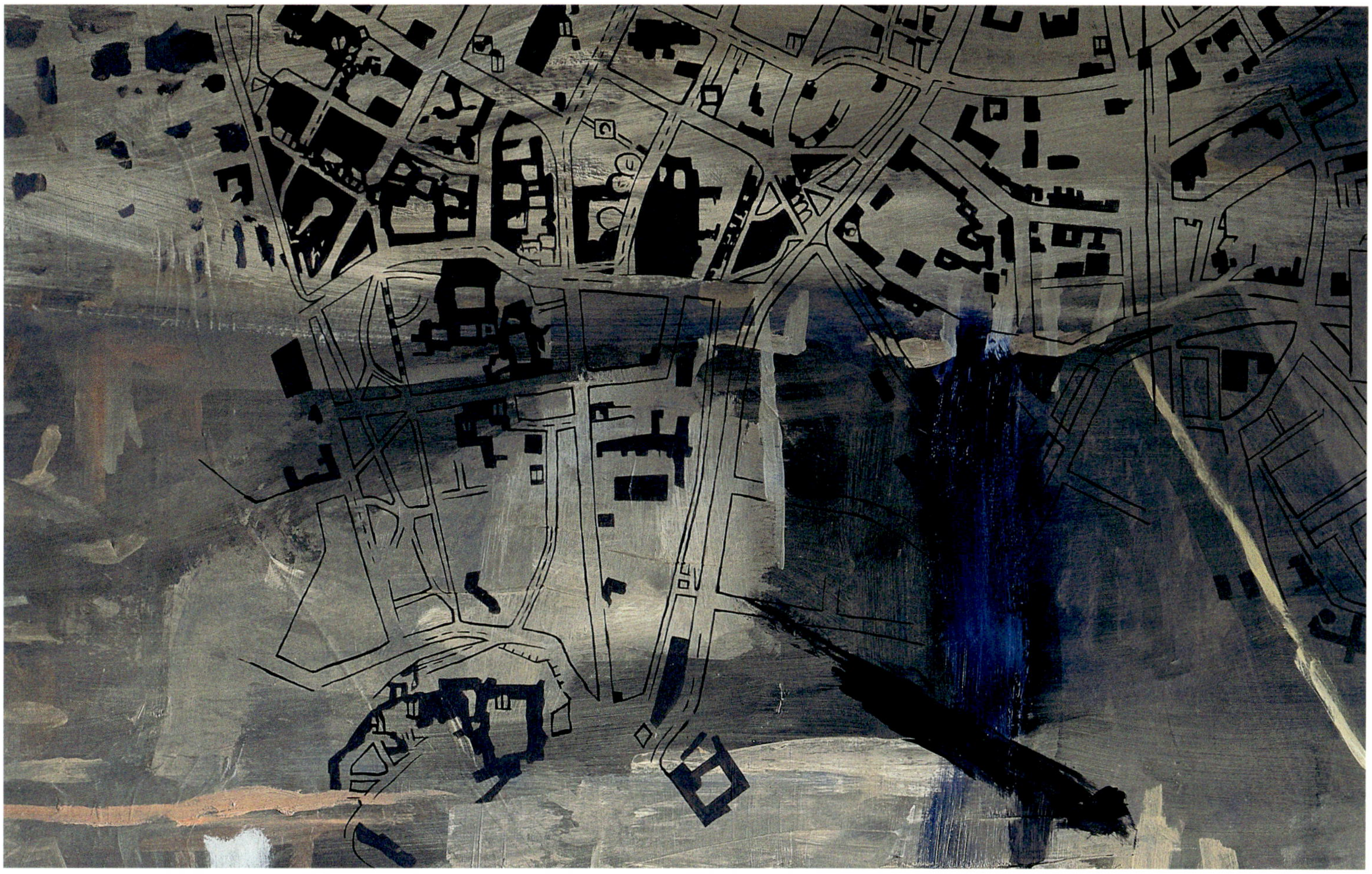

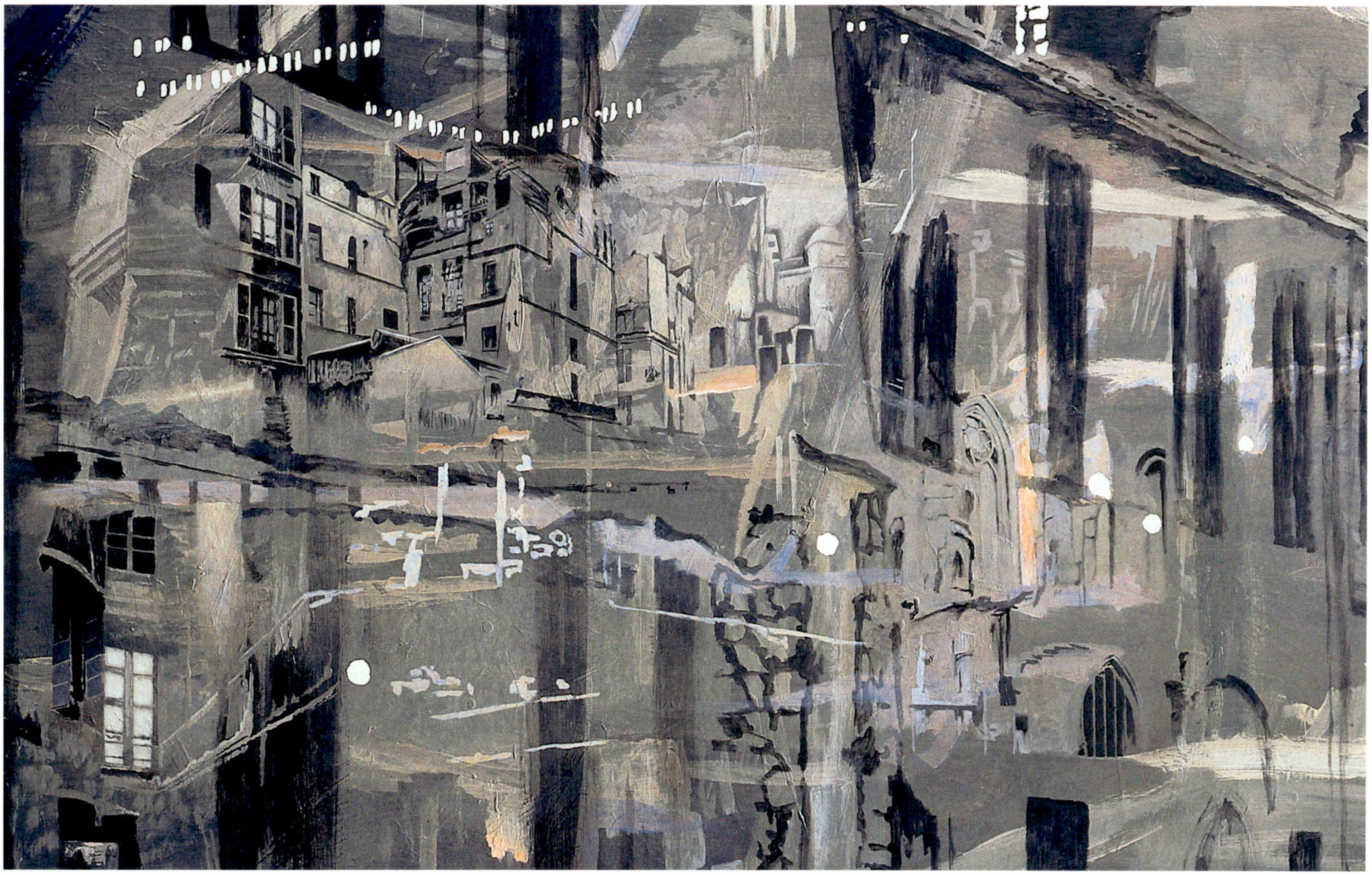

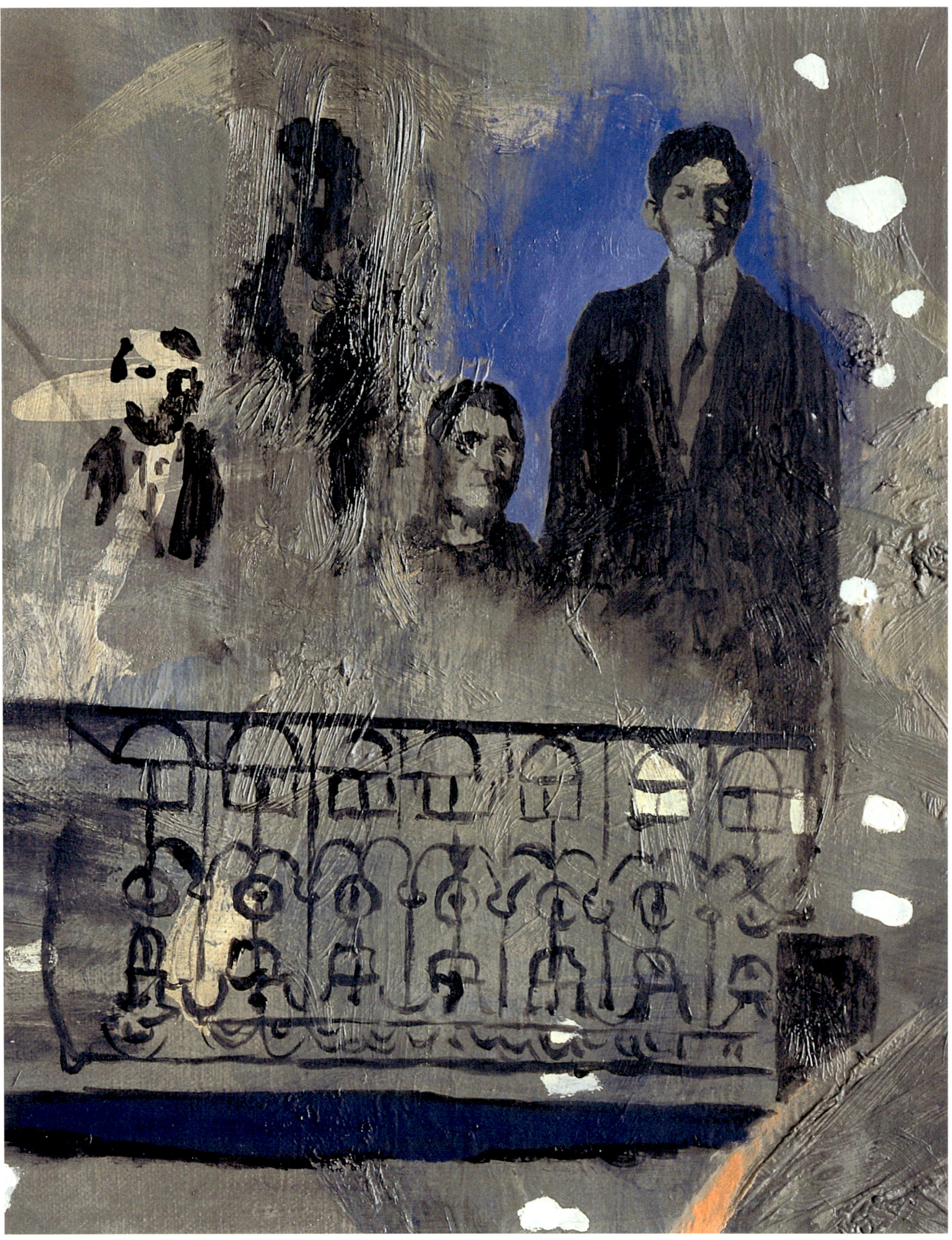

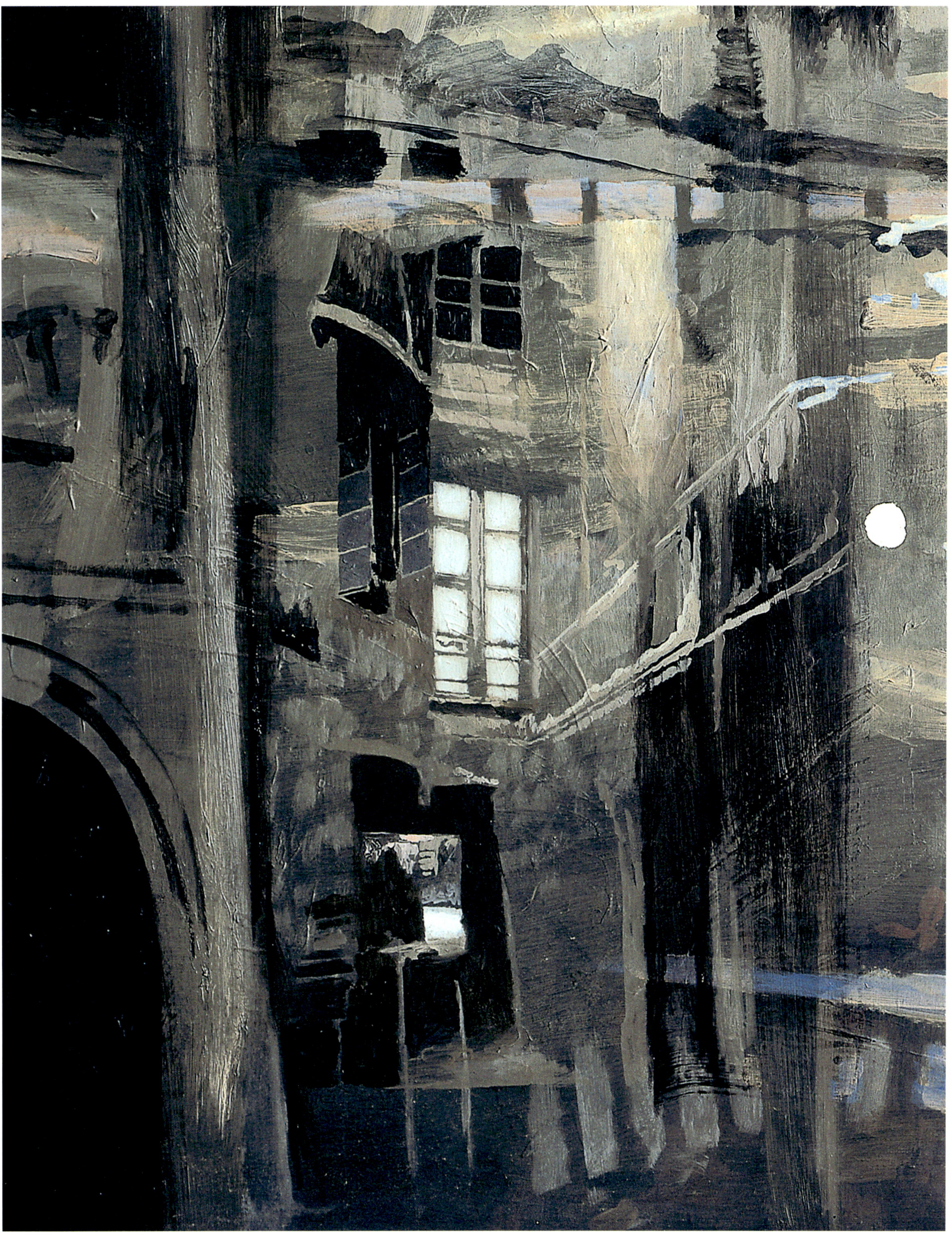

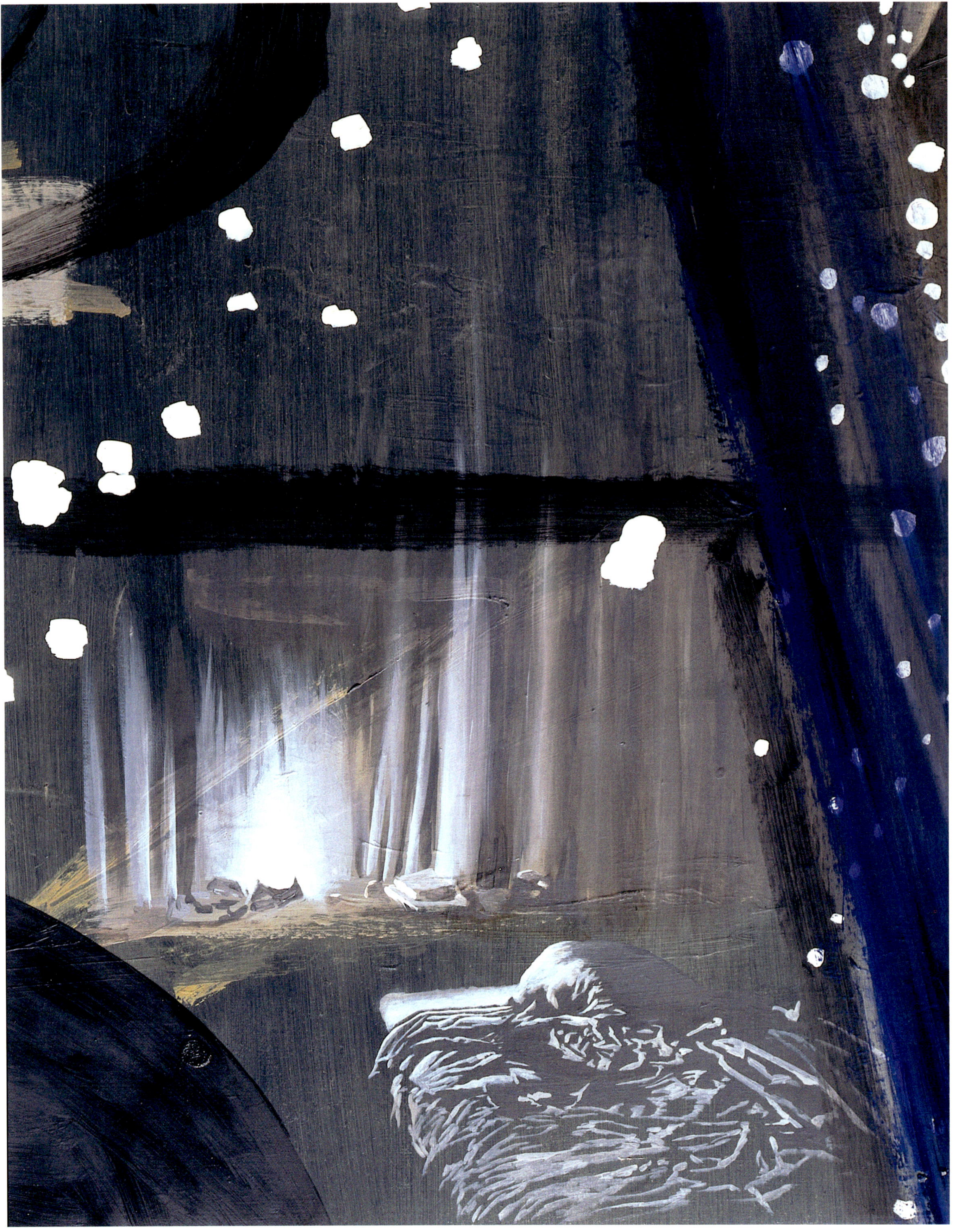

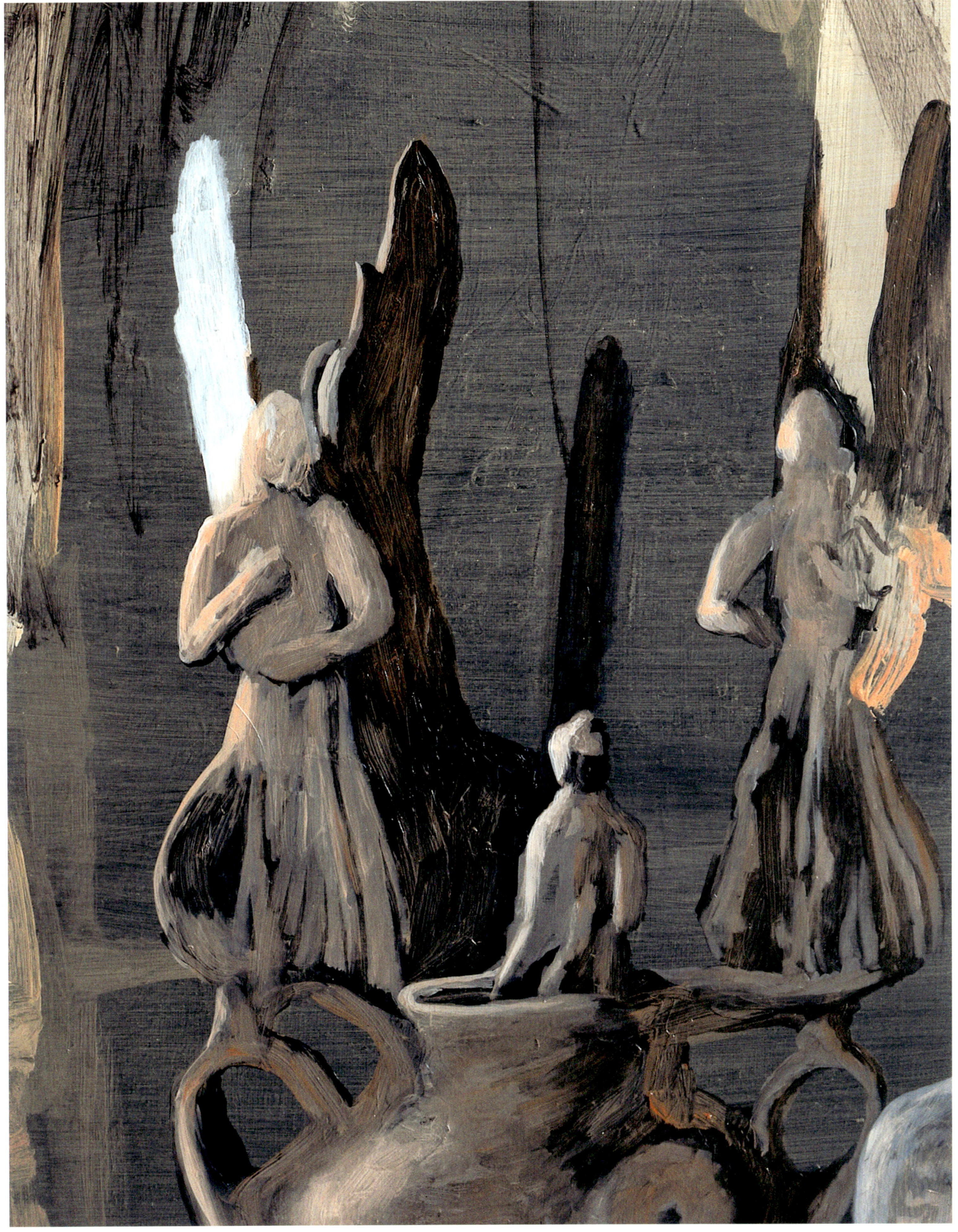

Werke | Works

Landskabet, senere, 1998
Die Landschaft, später | The Landscape, later
Acryl und Öl auf Leinwand | Acrylic and oil on canvas
292 × 464 cm
Copenhagen Business School
Abb. S. | fig. pp. 40/41, Details S. | details pp. 43–48

Bibliotek, 2001
Bibliothek | Library
Acryl und Öl auf Leinwand | Acrylic and oil on canvas
260 × 472 cm
Copenhagen Business School
Abb. S. | fig. pp. 50/51, Details S. | details pp. 8, 53–58

Museum, 2002
Acryl und Öl auf Leinwand | Acrylic and oil on canvas
292 × 478 cm
Statens Museum for Kunst, Copenhagen
Abb. S. | fig. pp. 60/61, Details S. | details pp. 28, 63–68

The Wave, 2002
Die Welle
Acryl und Öl auf Leinwand | Acrylic and oil on canvas
292 × 514 cm
Statens Museum for Kunst, Copenhagen
Abb. S. | fig. pp. 70/71, Details S. | details pp. 73–76

Raft, 2002
Floß
Acryl und Öl auf Leinwand | Acrylic and oil on canvas
288 × 476 cm
Privatsammlung | Private collection, France
Abb. S. | fig. pp. 78/79, Details S. | details pp. 81–84

Just Give Me My Equality, 2004–2005
Gib mir doch meine Gleichheit
Acryl und Öl auf Leinwand | Acrylic and oil on canvas
292 × 476 cm
Ny Carlsbergfondet, Copenhagen
Abb. S. | fig. pp. 86/87, Details S. | details pp. 14, 21, 89–92

Opera, 2005
Oper
Acryl und Öl auf Leinwand | Acrylic and oil on canvas
292 × 492 cm
Galleri Faurschou, Copenhagen
Abb. S. | fig. pp. 94/95, Details S. | details pp. 97–102

Balkon, 2005
Balkon | Balcony
Acryl und Öl auf Leinwand | Acrylic and oil on canvas
297 × 483 cm
Galleri Faurschou, Copenhagen
Umschlagabbildung | cover, Abb. S. | fig. pp. 104/105,
Details S. | details pp. 2, 11, 107–113

Anhang | Appendix

Biografie | Biography

Nina Sten-Knudsen

1957	am 2. Dezember in Kopenhagen geboren
1975–1977	Besuch der Zeichenschule der Ny Carlsberg Glyptotek
1977–1982	Studium an der Royal Danish Academy of Fine Arts in Kopenhagen bei Sven Dalsgaard, Robert Jacobsen und Hein Heinsen

1957	born on 2nd December in Copenhagen
1975–1977	attended Drawing School at Ny Carlsberg Glyptotek
1977–1982	graduate of the Royal Danish Academy of Fine Arts in Copenhagen where she was a student of Sven Dalsgaard, Robert Jacobsen and Hein Heinsen

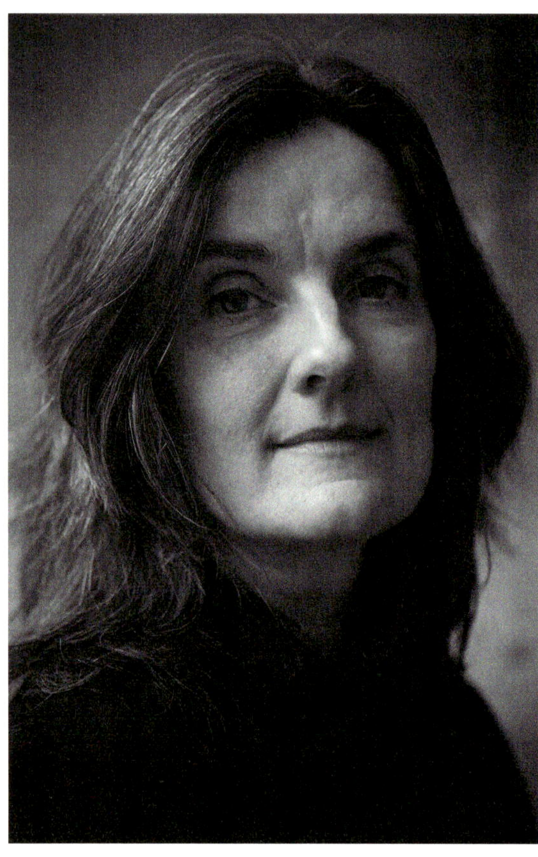

Einzelausstellungen (Auswahl)
Solo exhibitions (selection)

1979	Rådskælderen at Charlottenborg, Copenhagen
1984	Tranegården, Gentofte
1987	Galerie Asbæk, Copenhagen
1988	Galleri Specta, Aarhus
1988	Kunstforeningen GL Strand, Copenhagen
1989	Politikens Galleri, Copenhagen
1990	Galleri Stalke, Copenhagen
1991	Galleri Jespersen, Odense
1992	Galleri Fogh og Grandjean, Copenhagen
1993	Overgaden, Copenhagen
1994	Galleri Specta, Copenhagen
1995	Horsens Kunstmuseum, Horsens
1996	Galleri Dalsgaard og Sørensen, Aarhus
1997	Galleri Orange, Helsingør
1999	Ny Carlsberg Glyptotek, Copenhagen
2000	Horsens Kunstmuseum, Horsens Gallery, New York
2001	Galleri Faurschou, Copenhagen
2002	DCA Gallery, New York
2003	Randers Kunstmuseum, Randers
2003	Gibsone Jessop Gallery, Montreal
2004	Holsterbro Kunstmuseum, Holsterbro Sophienholm, Lyngby
2004	Galleri Faurschou, Copenhagen
2005	Gibsone Jessop Gallery, Montreal
2006	Kunstsammlungen Chemnitz

Werke in öffentlichen Sammlungen in Dänemark
Works from public collections in Denmark

ARoS Aarhus Kunstmuseum, Aarhus
Horsens Kunstmuseum, Horsens
Louisiana Museum of Modern Art, Humlebæk
Nordjyllands Kunstmuseum, Aalborg
Ny Carlsbergfondet, Copenhagen
Statens Museum for Kunst, Copenhagen
Storstrøms Kunstmuseum, Maribo
Velje Kunstmuseum, Velje
Vestjællands Kunstmuseum, Sorø

Ausstellungsbeteiligungen (Auswahl)
Group exhibitions (selection)

1979   *Myths*, Galleri St. Petri, Lund
1980   Galleri Anna, Copenhagen
        Sympati for Vor Herre, Esbjerg Kunstpavillion, Esbjerg
1981   ARoS Aarhus Kunstmuseum, Aarhus
        Fyns Kunstmuseum, Odense
        Nikolai Kirke, Copenhagen
        Galleri Sct. Agnes, Roskilde
        Blik på dansk Nutidskunst, Charlottenborg, Copenhagen
1982   Nordjyllands Kunstmuseum, Aalborg
        Ungdomsbiennale 12, Paris
        Kniven på hovedet, Tranegården, Gentofte
1983   *Uden titel*, ARoS Aarhus Kunstmuseum, Aarhus
        Galleri Specta, Aarhus
        Sara Hildén Art Museum, Tammersfors
        Kunstnernes Hus, Oslo
        Vinden blæser og jeg har dræbt tre ulve, Albertslund Rådhus,
        Albertslund
        Græsset Malker Koens Ben, Værkstedet Værst, Copenhagen
        Galleri Sub-Set, Copenhagen
        Fredsudstillingen, Charlottenborg, Copenhagen
        Skulptur I Mørke, Nordjyllands Kunstmuseum, Aalborg
1984   *Legatudstilling*, Kobberstiksamlingen, Copenhagen
        De Danske, Kulturhuset, Stockholm
        Exophylia, Nationalmuseet, Copenhagen
        God and Grammar, Charlottenborg, Copenhagen
        Ene mene, Skovhuset ved Søndrsø
        Eventyrhavens Skulpturudstilling, Odense
1985   *11 European Painters*, National Gallery, Athens
        Tranegården 15 år, Tranegården, Gentofte
        Homo Decorans, Louisiana Museum of Modern Art,
        Humlebæk
        Autora, Nordisk Kunstcentrum, Sveaborg, Helsinki
1986   *Grafikbiennale*, Pavillon beim Alten Bahnhof, Baden-
        Baden
        The Danish Show, Bradford, Warwick, Newcastle
1987   *European Painters*, Strasbourg, Milano, Bruxelles, Stock-
        holm
        De Danske Vilde, Nordic House, Reykjavik
1988   *III. Internationale Cairo Biennale*, Cairo
        Roskilde Kunstforening, Roskilde
        17 artistes Danois, Fondation Cartier pour l'Art Contem-
        porain, Paris

1989   *Ungdomsbiennalen Giart*, Göteborg
        Galleri Jespersen, Odense
        Til Sven, Galleri Ægidius, Randers
1990   *Wo liegt Dänemark?*, Kunsthallen Brandts Klædefabrik,
        Odense; Berlin
1991   *SSA*, Royal Scottish Academy, Edinburgh
        Nordisc Kunst 91, Kunstnernes Hus og DSB Central-
        værksted, Aarhus
        Efteråsudstilling, Charlottenborg, Copenhagen
1992   *Norrsken*, Göteborgs Konstmuseum, Göteborg
        The Cultural Landscape, Palazzo delle Esposizioni, Roma
        De Vilde, Storstrøms Kunstmuseum, Maribo
        Kastupgårdsammlingen, Grønningen, Charlottenborg,
        Copenhagen
1993   *Museum Europa*, Nationalmuseet, Copenhagen
1994   *Nordiske Õnskemuseet*, Göteborgs Konstmuseum,
        Göteborg
1995   *Den Oversete By*, Charlottenborg, Copenhagen
        Flower Power, BaneGården, Aabenraa
1996   *Danish Portraits*, Kunsthallen Brandts Klædefabrik,
        Odense
        Danish Sculpture in 125 years, Nordjyllands Kunstmuseum,
        Aalborg
1997   *Poland 1997*, Torun, Brodnica, Grudziadz
1999   *Invigning*, Taidehalli, Helsinki
2000   Listasafn Kópavogur Kunstmuseum, Kópavogur
        The Royal University College of Fine Arts, Stockholm
        Göteborgs Konstmuseum, Göteborg
        Carnegie Art Award 2000, Taidehalli, Helsinki; Henie
        Onstad Kunstcenter, Høvikodden; Göteborgs Konstmu-
        seum, Göteborg;
        Väsby Konsthall, Väsby
2001   *Carnegie Art Award 2000*, Sophienholm, Lyngby;
        Konstakademien Stockholm; Listasafn Kópavogur
        Kunstmuseum, Kópavogur
2004   *Med kærlig hilsen – Kunstakademiets 250 års jubilæum*,
        Charlottenborg, Copenhagen
        Holsterbro Kunstmuseum, Holsterbro
        Rejsen i landskapet, Nordjyllands Kunstmuseum, Aalborg

Preis | Award

2000   Eckersberg-Medaillen

Autoren | Authors

Cecil Bojsen Haarder

Cecil Bojsen Haarder, geboren 1974, ist Magister in Kunstgeschichte und Literaturwissenschaft. Sie war Koordinatorin am Museum ARKEN, Museum for Moderne Kunst, und Lehrbeauftragte an der Kopenhagener Universität, wo sie unter anderem über Nina Sten-Knudsens Kunst gelesen hat. Sie arbeitet heute in einer Kunstauktionsfirma. Ihre Magisterarbeit über Nina Sten-Knudsen erscheint in Kürze im Verlag Museum Tusculanum Press.

Cecil Bojsen Haarder, born 1974, gained a Master's degree in Art History and Literary Studies. She worked as a coordinator at the Museum ARKEN, Museum of Modern Art, and taught at Copenhagen University, lecturing, for example, on the art of Nina Sten-Knudsen. She now works for an art auctioneer. Her Master's thesis on Nina Sten-Knudsen is due to be published by Museum Tusculanum Press.

Peter Iden

Peter Iden, Professor, geboren 1938, Studium der Philosophie in Frankfurt am Main und Wien. Theater- und Kunstkritiker, bis 2000 Ressortleiter Feuilleton der „Frankfurter Rundschau". 1978–1989 Gründungsdirektor des Museums für Moderne Kunst. Ordentlicher Professor und Leiter der Abteilung Schauspiel an der Hochschule für Musik und Darstellende Kunst in Frankfurt.

Peter Iden, born 1938, studied philosophy in Frankfurt am Main and Vienna. He is a theatre and art critic, and was editor of the culture section of the daily newspaper "Frankfurter Rundschau" until 2000. From 1978 to 1989 he was founder and director of the Museum für Moderne Kunst Frankfurt am Main. He is professor and head of the Drama Department at the Hochschule für Musik und Darstellende Kunst, Frankfurt am Main.

Ingrid Mössinger

Ingrid Mössinger, Studium der Kunstgeschichte, Archäologie, Ethnologie und Philosophie in Frankfurt am Main. Anschließend Museum Wiesbaden, Frankfurter Kunstverein, Biennale of Sydney 1991 und 1992. Leitung „Art Frankfurt" und Kunstverein Ludwigsburg. Ab 1996 Direktorin der Kunstsammlungen Chemnitz. Seit 2005 Generaldirektorin der Kunstsammlungen Chemnitz mit Stiftung Carlfriedrich Claus-Archiv, Henry van de Velde-Museum in der Villa Esche, Museum Gunzenhauser und Schlossbergmuseum.

Ingrid Mössinger studied art history, archaeology, ethnology and philosophy in Frankfurt am Main. She has worked for the Museum Wiesbaden, the Frankfurter Kunstverein and the 1991 and 1992 Sydney Biennales. She directed "Art Frankfurt" and the Kunstverein Ludwigsburg. She has been Director of the Kunstsammlungen Chemnitz since 1996. In 2005 she was appointed Director General of the Kunstsammlungen Chemnitz, which include the Carlfriedrich Claus Archive, the Henry van de Velde Museum in the Villa Esche, the Museum Gunzenhauser, and the Schlossbergmuseum.

Carsten Søndergaard

Carsten Søndergaard, geboren 1952, absolvierte 1979 sein Staatsexamen in Politikwissenschaften an der Universität Aarhus. Er war tätig als Legationsrat und Vortragender Legationsrat I. Klasse im Außenministerium in Kopenhagen, als I. Botschaftssekretär in Washington DC, als Gesandter-Botschaftsrat in London und als Botschafter in Ankara. Seit September 2005 ist er Botschafter der Königlich Dänischen Botschaft in Berlin.

Carsten Søndergaard, born in 1952, graduated in 1979 from the University of Aarhus with a Master's degree in political science. He was Head of Section, Ministry of Foreign Affairs in Copenhagen, First Secretary of the Danish embassy in Washington DC, Counsellor of the Danish embassy in London and Ambassador in Ankara. He has been Ambassador of the Kingdom of Denmark in Berlin since September 2005.

Carsten Thau

Carsten Thau, geboren 1947, Professor an der Schule für Architektur der Königlich Dänischen Akademie der Künste in Kopenhagen, war tätig als Ausstellungsberater für das Louisiana Museum of Modern Art in Humlebæk bei Kopenhagen und für die Freie Akademie der Künste in Hamburg. Verfasser von Artikeln und Büchern über Architektur, bildende Kunst, Museologie und Film, über den dänischen Architekten und Designer Arne Jacobsen und den englischen Filmregisseur Peter Greenaway. Mitautor von Filmen über John Soane's Museum in London und über herausragende dänische Designer.

Carsten Thau, born 1947, is professor at the School of Architecture at the Royal Danish Academy of Fine Arts in Copenhagen, exhibition advisor for the Louisiana Museum of Modern Art in Humlebæk near Copenhagen and for the Free Academy of Fine Arts in Hamburg. He has written articles and books on architecture, the fine arts, museology and film, and has published on the Danish architect and designer Arne Jacobsen and the British film director Peter Greenaway. He has co-authored films on the John Soane's Museum in London and on outstanding Danish designers.

Der Katalog erscheint anlässlich
der Ausstellung
Nina Sten-Knudsen – Monumentalmalerei
in den Kunstsammlungen Chemnitz
vom 25. Juni bis 3. September 2006.

The catalogue is published on the
occasion of the exhibition
Nina Sten-Knudsen – Monumental Painting
in the Kunstsammlungen Chemnitz
from 25th June to 3rd September 2006.

Kunstsammlungen Chemnitz
Generaldirektorin | Director General
  Ingrid Mössinger
Kuratorin | Curator
  Jana Bille
Theaterplatz 1, D-09111 Chemnitz
Phone +49-371-4 88 44 00
Fax   +49-371-4 88 44 99
www.chemnitz.de/Kunstsammlungen
kunstsammlungen@stadt-chemnitz.de

Herausgeber | Editors
  Ingrid Mössinger und | and Jana Bille
Ausstellungs- und Katalogkonzeption
Exhibition and catalogue conception
  Ingrid Mössinger
  Nina Sten-Knudsen
Restaurator | Restorer
  Detlef Göschel
Ausstellungstechnik | Exhibition
technicians
  Andreas Lange, Klaus Kühn, Michael
  Mehlhorn, Markus Wenusch
Öffentlichkeitsarbeit | Public relations
  Jörg Ivandic
Katalogredaktion | Catalogue editor
  Jana Bille
Übersetzungen | Translations
  Pauline Cumbers, Frankfurt am Main
  (Deutsch-Englisch | German-English)
  Ursula Kleinen, Hellerup
  (Dänisch-Deutsch | Danish-German)
  Tam McTurk, Edinburgh
  (Dänisch-Englisch | Danish-English)
  Seamus Murphy, Cornamucklagh
  (Dänisch-Englisch | Danish-English)
Fotografien | Photographs
  Jens Frederiksen, Copenhagen

Lektorat | Copy-editing
  Katrin Günther, Kerber Verlag, Leipzig
  (deutschsprachiges Lektorat | German
  copy-editing)
  Eileen Laurie, Derry/Northern Ireland
  (englischsprachiges Lektorat | English
  copy-editing)
Gestaltung | Graphic design
  Andreas Koch, Bielefeld

Umschlagabbildung | Cover
  Balkon, 2005 (Abb. S. | fig. pp. 104/105)
Frontispiz | Frontispiece
  Balkon, 2005, Detail
  (Abb. S. | fig. pp. 104/105)
Papier | Paper
  Gardapat 13 Kiara, 150 g, Cartier del Garda

Verlag und Gesamtherstellung
Printed and published by
  Kerber Verlag, Bielefeld
  Windelsbleicher Straße 166–170
  33659 Bielefeld
  Germany
  Telefon +49 (0)5 21/9 50 08-10
  Fax   +49 (0)5 21/9 50 08-88
  Internet info@kerberverlag.com
  E-Mail   www.kerberverlag.com
US Distribution
  D. A. P., Distributed Art Publisher Inc.
  155 Sixth Avenue 2nd Floor
  New York, N. Y. 10013
  Phone   001 212 6 27 19 99
  Fax   001 212 6 27 94 84

ISBN 3-938025-94-8

Printed in Germany